Jörn Gronemann

MAULWURFENINFO

Das erste Buch Maulwurfen.

Romowe

Der Verlag.

Romowe - Der Verlag
www.romowe.de

1. Auflage 2015

Gedruckt in Deutschland

ISBN-13: 978-1511982955
ISBN-10: 1511982950

Inhalt

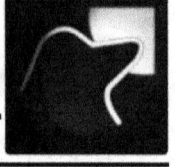
Hallo Deutschland
und moin liebe Leser. Und natürlich auch die _Innen, und
solche, die es noch werden wollen.
Nun haltet Ihr es also in der Hand, das „Erste Buch Maulwurfen", das ganz neue Testament.
Bei der Auswahl des Inhaltes habe ich gesehen, dass ich es
bereits 2012 versprochen habe. Und nun hast Du es :)
Jetzt könnt Ihr es auch weglegen, denn mehr schreib ich nicht.

Haha,   reingefallen...

Natürlich steht hier noch etwas mehr. Ich hab mal das Beste
aus 5 Jahren MaulwurfenInfo zusammengetragen, oder zumindest das, was man dafür halten könnte.
Leider ist vieles nicht mehr auffindbar. Aber vielleicht findet Ihr
zufällig noch etwas im Netz? Dann dürft Ihr mich gerne
anschreiben.
Eigentlich wollte ich gar nicht so viel altes in das Buch bringen
und eigentlich sollten es ursprünglich auch nur 88 Seiten
werden... Toll, jetzt sind es 148 und ich hätte noch so viel...
Aber ich möchte euch ja nicht überfordern und 1488 Seiten wären eindeutig zu viel...
Während ich dieses Buch erstellt habe kam ich auf den
Gedanken einer Fortsetzung. Dann aber mit Sachen, die noch
nicht im Netz stehen... Die BILD schreibt so viel Blödsinn,
Politiker und andere Leute stellen so viele unbeantwortete
Fragen... Mal sehen :)

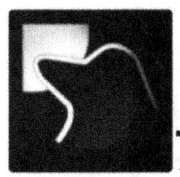
Beim Lesen wird es Euch bestimmt so ergehen wie mir, als ich das Buch zusammengestellt habe. Plötzlich kamen Sachen, die hatte ich mal gelesen. Konnte mich nur dunkel daran erinnern. Aber ich hatte sie tatsächlich geschrieben. Und selbst ich musste manchmal grinsen...

Und was mir vor allem auffiel: NICHTS hat an Aktualität verloren, alles wiederholt sich und es kommt einem vor, als hätte es sich erst gestern so abgespielt. Sei es das Rumgezecke der Zicken, ..öh..., ...umgekehrt natürlich, das Verhalten der Politiker oder die Dummheit der BRD-Bevölkerung. Es hat sich nichts geändert.

Es wird noch immer gemanichelt, wie man meinem Beitrag zum Preussischen Anzeiger in diesem Buch entnehmen kann. Die Medien berichten immer noch Blödsinn. Noch immer werden Reichsflugscheiben gesichtet, noch immer laufen Nazis mit Glatze, Bomberjacke und Springerstiefel herum, noch immer wird einem gewissen Herrn Hitler irgendwo die Ehrenbürgerschaft aberkannt... Leute, wir müssen an uns arbeiten. Letzteres darf einfach nicht mehr passieren.

Aber ja, ich hör'... Alles andere muss so bleiben. Denn wenn's nicht so wär', hätt' Maulwurf nichts zu schreiben.
(oh, das reimt sich :))
So, jetzt möchte ich euch aber nicht länger aufhalten, ich melde mich zwischendurch mal.

Und nun viel Spaß beim Lesen... Film... äh... Buch ab :)

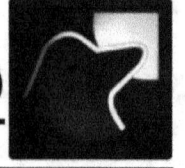
Unsere Politikerin des Jahres

1. Januar 2010

Wer an Pauli denkt, der denkt an die Große Freiheit, Frauen in Lack und Leder, Rebellen auf Motorrädern... ups... Das trifft ja alles auf unsere Politikerin des Jahres zu:

Frau Dr. Gabriele Pauli

Als Landrätin und Mitglied der Freien Wähler ließ die ehe-malige CSU- Domina-Rebellin vor der Presse verlauten, mit einer eigenen Partei zur Bundestagswahl anzutreten.

Das hat Ihren Parteifreunden nicht so sehr gefallen, daher wurde sie bei den Freien Wählern ausgeschlossen.

Aber Union..., Freie..., da war doch was?!

Richtig, sie wollte ja noch ihre eigene Partei gründen.

Und da man sich ja nicht so viele Parteinamen merken kann, mischt man die alten am besten zusammen - so entstand die Freie Union.

Gut, Partei gegründet. Nur noch schnell ein paar Unterschriften eingesammelt, und schon ist die Freie Union zur Bundestagswahl angemeldet. Gesagt, getan.

Nur, irgendwie waren es zu wenige Unterschriften, so konnte sie in 14 Bundesländern nicht antreten. Nur in Bayern hat sie die benötigte Unterstützung und gute Hoffnung, direkt in den Bundestag einziehen zu können. Aber da muss wohl wieder ein Fototermin dazwischen gekommen sein, denn es fehlte ausgerechnet ihre eigene Unterschrift auf den Unterlagen...

Alles weinen, betteln, flehen, klagen vor dem Verfassungsgericht und fordern nach einer Grundgesetzänderung für sie brachte nichts:die Freie Union

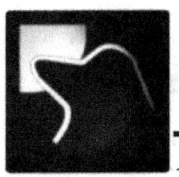
muss leider draußen bleiben...
Oh, da haben wir ja noch eine
Landtagswahl in Schleswig-
Holstein, treten wir da also an.
Schnell einen Landesverband
gegründet (vorher war natürlich noch ein Fototermin) und
wirklich jeden, egal wen, in
den Vorstand aufgenommen.
Mhhh... Wahl... Da fehlt doch
noch was?!
Ach ja, Kandidaten !
Also schnell wieder ein paar
Mitglieder an eine Autobahn-
raststätte angekarrt und Mitgliederversammlung abgehal-
ten.
Puh. Noch einmal gut gegangen. Die Kandidatenliste steht.
Die paar benötigten Unterschriften sind auch kein Problem, denn Frau Doktor stellt
sich zum Sammeln persönlich
in die Lübecker Fußgängerzone und gibt für die Foto-
grafen ein gutes Bild ab. Wir
haben ja auch noch drei Tage
Zeit, bis der Landeswahlausschuss tagt.

Doch plötzlich die fatale Meldung: wir haben ein Maulwurf
(Anm. d. Maulwurfen: un-
schul-ig in die Luft guck und
Liedchen pfeif), der dem
Landeswahlausschuss mitge-
teilt hat, dass die Kandidatenliste nur mit Betrug
aufgestellt wurde! Tatsächlich
waren bei der Wahl der Kandidaten nur zwanzig der erfor-
derlichen fünfzig Mitglieder
anwesend. Aber man hatte ja
bereits eine Woche zuvor eine
Mitgliederversammlung, und
da waren dreißig Mitglieder.
20 + 30 = 50, also alles
korrekt, so die Rechnung des
Landesvorsitzenden.
Nö, so der Wahlausschuss,
Partei nicht zugelassen.
(Anm. d. Maulwurfen: 'tschuldigung, Frau Dr. Pauli...).
Also keine Wahl in diesem
Jahr für die Freie Union.
Nun, hier könnten wir den
Bericht über das Erfolgsjahr
der Frau Dr. Pauli beenden,
wäre da nicht noch eine

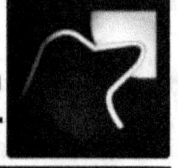
Kleinigkeit, die Sie zur Ehrenpreisträgerin dieser Seite gemacht hat:

Pressemitteilung vom 9. November 2009

"Freie Union mahnt aus Anlass des 20. Jahrestags des Mauerfalls gesamtdeutsche Verfassung an – ursprünglicher Auftrag des Grundgesetzes auch Jahre nach Deutscher Wiedervereinigung nicht erfüllt – Bundesregierung missachtet das Recht der ostdeutschen Mitbürger.

Nürnberg/Fürth: Aus Anlass des 20. Jahrestags des Mauerfalls erinnert die Bundesvorsitzende der Freien Union, Dr. Gabriele Pauli, MdL daran, dass immer noch ein von den Verfassungsvätern als Provisorium gedachtes Regelwerk die höchste Norm in der wiedervereinigten Bundesrepublik darstellt. "Die deutsche Wiedervereinigung zu vollenden, war über Jahrzehnte Auftrag und Ziel für Generationen von Politikern. Mit der friedlichen Revolution in der ehemaligen DDR und der daraus resultierenden Wiedervereinigung beider deutscher Staaten war dieses verbriefte Ziel des deutschen Volkes erreicht. In Vergessenheit geraten ist damals jedoch, dass in der wiedervereinten Bundesrepublik auch das als Provisorium konzipierte Grundgesetz durch eine vom Volk zu verabschiedende Deutsche Verfassung ersetzt werden sollte", erklärt die Bundesvorsitzende der FREIEN UNION .

Die jetzt neu gewählte Bundesregierung sei deshalb nicht rechtmäßig im Amt, weil sie nicht mehr auf dem Boden des Grundgesetzes steht. "Aus Angst, ihre Macht zu verlieren, erfüllen die etablierten

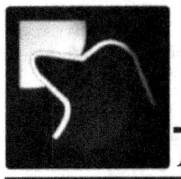
Parteien die Forderung des Grundgeset-zes nicht, es gesamtdeutsch abstimmen zu lassen," so die Bundesvorsitzende. "Das ist eine Missachtung der Würde der Menschen im Osten der Republik." Sie erinnert deshalb aus Anlass des 20. Jahrestags des Mauerfalls an diesen Umstand und ermahne die Deutsche Politik, endlich in einer basisdemokratischen Abstimmung dem Deutschen Volk eine zukunftsweisende Verfassung zu geben."

Nun, diesem ist nichts hinzuzufügen, aber wo hat sie das abgeschrieben?!?

Der Staatsschutz sucht Schneeschieber

11. Januar 2010

Die Anzahl der rechtsextremen Straftaten nimmt zu. Jetzt wurde in Mecklenburg-Vorpommern ein Hakenkreuz im Schnee entdeckt. Die Meldung ist so wichtig, dass nicht nur SAT1 darüber berichtet, sondern auch Endstation Rechts und Greenpeace. Auch der Staatsschutz ermittelt in dieser Sache.

So meldet SAT1 heute im Videotext:

"Hakenkreuze im Schnee
In die Schneedecke auf dem zugefrorenen Burgsee am Schweriner Schloss haben Unbekannte Nazi- Symbole gezeichnet. Sie hätten vermutlich mit einem Schneeschieber ein etwa fünf Meter großes Hakenkreuz im Schnee markiert, teilte die Polizei zu dem Vorfall mit.

Zudem hätten sie SS-Runen und eine Nazi-Parole in den Schnee gezeichnet.

Die Zeichen seien umgehend beseitigt worden (Anm. d. Maulwurfen: Ob von Schnee-wehen oder dem SEK wurde nicht erwähnt). Die Polizei er-mittelt wegen des Verwen-dens von Kennzeichen ver-fassungswidriger Organisati-onen."   *[sic!]*

Noch ist auch unklar, ob die Flugscheiben jetzt auf Schneespuren anstatt Korn-kreise setzen.

Sollten wir Neuigkeiten über diesem Kinderstreich erfah-ren, z.B. ob der Hubschrau-ber aus Karlsruhe unterwegs ist oder Lichterketten statt-finden, werden wir darüber umgehend an dieser Stelle berichten.

Ergänzung: Hierzu die Schwerin-News (SN) weiter-führend:

"Hakenkreuz im Schnee – Polizei sucht Zeugen

Unbekannte Täter haben am Freitag in den Schnee des zugefrorenen Burgsees in Schwerin ein etwa 5 x 5 Meter großes Hakenkreuz so-wie SS- Runen und eine Nazi- Parole gut sichtbar ge-zeichnet.
Die Straftat wurde der Polizei am Freitagabend gemeldet. Der Staatsschutz der Krimi-nalpolizeiinspektion Schwerin (0385/ 20700) ermittelt nun wegen des Verwendens von Kennzeichen verfassungswi-driger Organisationen und sucht in diesem Zusammen-hang noch mögliche Tatzeu-gen. Vermutlich haben die Unbekannten die Tat mit einem Schneeschieber aus-geführt."

Die Jagd geht weiter

23. Januar 2010

Die Medien griffen es in letzter Zeit auf: Hitler lebt! Als die russischen Truppen in Berlin einmarschieren nimmt sich Adolf Hitler das Leben. Dann verschwand seine Leiche auf mysteriöse Weise.

So machten sich Reporter und Filmemacher in einigen Dokumentationen auf die Suche nach seinen Spuren. Ist er mit einem U-Boot nach Südamerika geflüchtet?
Brachten ihn die Reichsflugscheiben nach Neuschwabenland?
Egal wo er sich aufhält, es gibt einen Ort mehr, in dem er sich nicht mehr blicken lassen darf: die niederrheinische Gemeinde Schwalmtal (Kreis Viersen).

In einer Ratssitzung der Gemeinde Amern St. Georg wurde im Jahre 1933 mit anerkennenden und ehrenden des Reichspräsidenten von Hindenburg sowie des Reichskanzlers Adolf Hitler gedacht.Im Anschluss hieran fasste der Gemeinderat einstimmig den Beschluss, den Reichspräsidenten von Hindenburg und den Reichskanzler Adolf Hitler zu Ehrenbürgern zu ernennen.

In Schwalmtal, das die Rechtsnachfolge von Amern angetreten hat, war dies bislang unbekannt. Der Lokalhistoriker Karl-Heinz Schroers durchblättert eine alte Akte im Schwalmtaler Archiv, und stieß auf dieses Sitzungsprotokoll.

Da so etwas ja nicht sein darf, hat der Gemeinderat in einer Sitzung am Dienstag Hitler posthum die Ehrenbürgerwürde aberkannt.

Sauergurkenzeit

5. Januar 2012

Was macht die Antifa, wenn die täglichen Meldungen in der Presse über Nazis ausbleiben?
Sie schafft selbst welche, wie schon gewohnt.

Diesmal missbrauchen sie den Namen eines weltweit agierenden Hackernetzwerkes. Dieses hat sich, wie auch die inzwischen von Linken unterwanderte Piratenpartei, die Meinungsfreiheit auf die Fahne geschrieben:
                    Anonymous.

Nur das Problem ist, Anonymous hat keine Struktur, jeder arbeitet in seinem eigenem Keller für sich.
Dass nun einige, laut Aussagen der Betreiber ein „harter" Kern von 5 – 10 Möchte.gernhacker eben selbst vor Missachtung der Meinungsfreiheit und selbst Denun-

ziationen nicht zurückschreckt, stößt selbst

Gemeint sind die Betreiber der Seite Nazi-leakes.net. Nun, hierbei handelt es sich aber nicht um ein Leck bei den Nazis, eher um eins in den Hirnen der Betreiber. Unwissend der Bedeutung des Namens und nur auf das Trittbrett von Wikileaks aufspringend versuchen sie eine Datenbank zu betreiben, die Nazis „outen" soll.

Dumm nur, dass die Daten zu einem Großteil veraltet sind. So finden sich z.B. Besteller

irgendwelcher Versande von vor einigen Jahren – so auch die Bestellerliste eines Bekleidungsherstellers – sowie eine Liste von Journalisten, die für eine Zeitung schrieben und auch namentlich als Autoren ihrer Artikel in der Zeitung genannt sind.

Selbst der Chaos Computer Club nimmt von dieser kleinen Gruppierung Abstand, das Hamburger Abendblatt – sonst regelmäßig über Nazis hetzend – verurteilt diese Aktion.

Egal, Dummheit schützt vor Strafe nicht.

Durch Gegenmaßnahmen ist die Seite samt vorsorglich installierter „Spiegelseiten" längst vom Netz und diese Profihacker schaffen es nicht, eine neue aufzubauen.

Dieser Gruppe, sie nennt sich OPBlitzkrieg, möchte ich ans Herz legen: Jungen, seht zu, die Winterferien sind bald vorbei, dann müsst Ihr wieder in die Schule und um 22 Uhr im Bett sein.

tagesschau Berlin
Tausende Menschen feiern heute in Berlin das "Fest der Vielfalt".

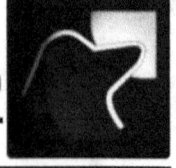
Linker Datenklau

6. Januar 2012

Einige Zeit begnügten sich die Linken damit, unsere Postkästen einfach „voll zu spammen".

Anscheinend reicht es ihnen nicht mehr aus, so übernehmen sie diese einfach komplett.
Wie das Beispiel „Nazi-Leaks" zeigt, schaffen sie es allerdings nicht mehr digital, so dass sie jetzt auf die analoge Methode ausweichen müssen.
In diesem Zusammenhang wurde heute Nacht der Briefkasten des Maulwurfen gewaltsam entfernt.
Dumm nur, dass er eine Umleitung eingebaut hat, und die Post weiterhin an seine Adresse geht, nicht an seinen Postkasten.

Schade, die anfallenden Rechnungen hätten die gerne übernehmen können.

Nachtrag: nein, definitiv wurde der Postkasten nicht von einem Obdachlosen geklaut, der eine eigene Postanschrift haben wollte   .

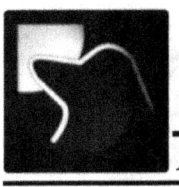

Gemeiner Anschlag

9. Januar 2012

Inzwischen gehen System-medien und Behörden davon aus, dass die NSU keine Terrorzelle war, sondern lediglich aus zwei Einzeltäter bestand.

Die Amateurschreiberlinge von Indymedia haben in-zwischen allerdings ein gan-zes Terrornetzwerk ausge-macht, welches ähnlich der Al Qaida agiert.

So kam es laut Indymedia zu erneuten Anschlägen, die uns in unserem Glauben erschüt-tern.

Es wurde mit nie zu erwar-tende Brutalität vorgegangen. Ein Anschlag, der uns alle emotional mitreissen sollte.

Ein Kreuzberger schreibt unter dem Titel: *Anschlag auf das Bürgerbüro der Linken*

In der Nacht zum 6. Januar wurden erneut zwei Fenster-scheiben des Bürgerbüros der Bundestagsabgeordneten und stellvertretenden Vorsit-zenden der Partei DIE LINKE, Halina Wawzyniak, in Berlin-Kreuzberg eingeworfen.

Erneuter Anschlag auf das Bürgerbüro der Linke in Kreuzberg

[…]

Dabei wurden keine Wert-sachen entwendet,

[…]

Lieber Kreuzberger, das, was ihr im Allgemeinem Sprach-gebrauch "Entglasung" nennt und bei Euch täglich vor-kommt, ist kein terroristischer Anschlag, nur weil es an-scheinend einmal von der anderen Seite ausgeht.

Ich gehe davon aus, dass der Herr Wawzyniak noch ein nicht abgebranntes Auto besitzt.

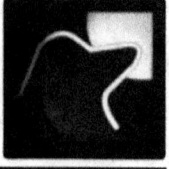
NSU schuld an Völkermorden?

10. Januar 2012

Völkermorde und terroristische Anschläge in Afrika und dem ehemaligen Jugoslawien sind nichts Neues. Dies weiß jeder, der sich ein wenig informiert.
Dass auch hier der NSU hinter steckt, ist etwas Neues.

Im Dezember 2003 wurde auf einen türkischen „Gastwirt" in Duisburg ein Mordanschlag verübt.
Ein Schelm, wer da auf den Gedanken eines Dönermordes kommt.

Nun, hier gab es allerdings einen kleinen Unterschied: es wurde eine Selbstschussanlage, die schon in Afrika gesehen worden ist, verwendet. Afrikanische Wilderer sollen damit auf die Jagd gegangen sein   .
Eine ähnliche Anlage fand man auch in der explodierten und völlig ausgebrannten Wohnung der NSU, daher liegt es nahe, dass die „Zwickauer Terrorzelle" Verbindungen zu afrikanischen Wilderern hatte, welche mit Sicherheit auch an den Völkermorden im Kongo oder Kosovo beteiligt sind, da diese Selbstschussanlage schon vor 2003 öfter in Gebrauch gewesen sein soll.
Auch in Jugoslawien gab es bis in die 2000er Jahre Völkermorde, auch dort unter Anderem mit Selbstschussanlagen und ähnlichem.
Daher gab es auch zwischen 1998 und 2011 Morde und Überfälle in Berlin, bei denen jetzt Verbindungen zur N(PD)SU gesucht werden. So wurde am 13. März 2000 der jugoslawische Kioskbesitzer Ignaj... Ignatz... Ignajtovic mit einen Schuss in die Stirn getötet. Da nichts

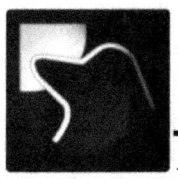
geraubt wurde, kam man auf die Idee, dass er ein Ausländer ist, und daher von der NSU umgebracht sein worden muss.

Wahrscheinlicher ist jedoch, dass er nur über den Grenzstreifen flüchten wollte, den die NSU bereits in den 70er Jahren des vergangenen Jahrhunderts mit Selbstschussanlagen ausstattete und somit den kalten Krieg verschärfte.

Euro-Rettungsflugzeuge

10. Januar 2012

Ob wir mit unseren Steuergeldern nun den Euro retten, oder nur jeden einzelnen Griechen, das wissen wir noch immer nicht so wirklich.

In Griechenland werden Löhne und Sozialleistungen gekürzt, Milliarden unserer Gelder werden dorthin überwiesen, um den Euro zu "stabilisieren", während hier Deutsche Familien unter dem Existenzminimum leben.

"Eurorettungsschirme" scheinen jedoch nicht auszureichen. Der Euro muss am Bosporus verteidigt worden.

Daher will die Regierung in Athen 60 neue Kampfjets für 4 Milliarden Euro kaufen, hierzu noch Fregatten, U-Boote und Kampfhubschrauber für weitere Milliarden.

Dadurch sollte der Euro sicher sein.

Es sei denn die BRD steigt aus und übertrifft den Europameister in Sachen Aufrüstung.

Bombenstimmung

11. Januar 2012

Dass in der Waldorfschule nicht nur der Name getanzt wird, sondern auch für das Le.ben gelernt, das beweist die Waldorfschule Lübeck.

So stellte ein Pädagoge im Unterricht mit seinen Schülern Sprengstoff her und ließ die Fünftklässler damit Rohrbomben mit einer gewaltigen Explosionskraft basteln.

Mit diesem Anschauungsunterricht ist er wahrscheinlich nur einem Aufruf des FC St. Pauli gefolgt. Wie wir wissen werden aus Waldorfschüler in Lübeck in der Regel Paulianhänger, sofern sie sich nicht für rhythmische Sportgymnastik interessieren.

So meinte der Sicherheitschef des FC.St.Pauli Sven Brux im Radio:

Wenn irgend so ein Nazi meint, er könnte im St. Pauli-Block derartige Sprüche loslassen, dann muss der auch das Gefühl haben, dass ihm das gesundheitlich nicht ganz gut tut.

Diese Aussage traf er nach einem Hallenfußballturnier, bei dem von 72 festgenommenen die meisten Anhänger des „Kiezclubs" sind.
Es wurden „nur" 90 Menschen verletzt.
Besser klappt es mit Rohrbomben. Soll eine Bombenstimmung geben.

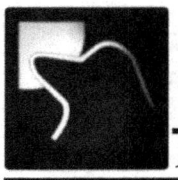

"LINKE TÖTEN"

15. Januar 2012

Rathaus neu streichen, Mittel für den Kampf gegen Rechts locker machen, neuer Dienstwagen...
Ja, als Bürgermeister hat man es nicht einfach, denn in den meisten Städten in der BRD sind die Kassen klamm.

Aber es gibt ja noch die Möglichkeit Bundes- und Landesmittel zu kassieren, auch Versicherungsgelder.
Sehr gut geplant wurde die "Aktion Ratzeburg soll sauber werden" schon im Vorfeld für die Beschaffung der Mittel.

So ging ein auf Lügen aufgebauter Bericht durch die Norddeutsche Presse, eine größere Gruppe von Nazis wäre in der Silvesternacht „S... H..."-rufend in Richtung Marktplatz in Ratzeburg marschiert, wo hunderte von Menschen feierten, und sich anschließend eine Schlägerei mit der Polizei geliefert.

Es verwunderte gestern auch nicht die erste Pressemessemeldung, in der es hieß, es wären polizeifeindliche Sprüche an das Rathaus gesprüht worden. War unklug formuliert, denn erst im November Demonstrierten auf dem Ratzeburger Marktplatz Antideutsche und Kommunisten gegen Polizeigewalt.

Das wurde nicht bedacht, fortan wurde im Laufe des Tages von „rechten Morddrohungen" berichtet.
Gut jetzt waren plötzlich Gelder da, das Rathaus wurde schnell neu gestrichen, der Bürgermeister bekommt mit etwas Glück ein neues Auto und: Endlich kann wieder Geld für den Kampf gegen „Rechts" eingefordert werden.

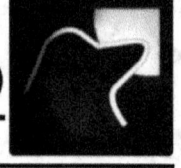
Wulff und die NSU: die Zusammenhänge

17. Januar 2012

Die Wulff-Affäre wurde absichtlich vom Verfassungsschutz und und den Medien inszeniert, wenn es nach der TAZ geht. So sollte Wulff dafür sorgen, dass der „größte Skandal der vergangenen Jahre schnell medial in den Hintergrund" gedrängt worden ist.

Es kann nicht angehen, dass der VS über Jahre hinweg Döner ermorden lässt und die Täter ungestraft davon kommen, nur weil sich der Bundespräsident in den Vordergrund drängt. Zudem konnten in Magdeburg von der Presse und Öffentlichkeit völlig unbehelligt 1200 „Neonazis marschieren", woran auf Frau Merkel schuld ist, da sie Wulff deckt.

Inwieweit Wulff jetzt genau in die Zwickauer Terrorzelle verstrickt ist, dass soll jetzt ein Untersuchungsausschuss im Bundestag herausfinden, dafür müsste seine Immunität aufgehoben werden, damit er in den Untergrund verschwinden kann.

EINEN RÜCKTRITT HAT ES IN DER NEONAZIAFFÄRE BISHER NICHT GEGEBEN

Wo es wirklich um Würde geht

KOMMENTAR VON WOLF SCHMIDT

Bei all den Diskussionen über Christian Wulffs Häuschen in Großburgwedel, seine Übernachtungen auf Mallorca, in München und Miami, bei den ganzen Debatten über die Würde, die angeblich nicht nur ein Mensch, sondern auch ein Amt haben kann, ist der größte Skandal der vergangenen Jahre erschreckend schnell medial in den Hintergrund gedrängt worden: die über Jahre hinweg im Untergrund mordende Zwickauer Terrorzelle und das Versagen des Staates, ihr auf die Schliche zu kommen.

Aber auch dies wird nicht helfen, die Wulff-Affäre aus den Medien zu ziehen, denn Innenminister Friedrich und Justizministerin Leutheusser-Schnarrenberger haben sich auf einen Gesetzesentwurf geeinigt, um künftig tausende gewaltbereite Rechtsextremisten in einer zentralen Datei erfassen zu können.

Mal sehen, wer da neben Herrn Wulff so auftaucht, denn es geht um die Würde…

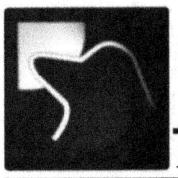
Buchvernichtung recycelt

18. Januar 2012

Ein selbsternannter Künstler, Martin Zet aus Prag, hatte großes vor und fiel damit auf die Nase.

Unter dem Titel „Deutschland schafft Es ab" plante er, 60.000 Exemplare Buches „Deutschland schafft sich ab" von Thilo Sarrazin einzusammeln und diese „für einen guten Zweck" zu „recyceln", früher war dies eher unter dem Ausdruck Bücherverbrennung bekannt.

Anfänglich waren das „Haus der Kulturen der Welt" und etliche Galerien in Berlin begeistert von dieser Idee, distanzieren sich inzwischen jedoch von diesem roten Meinungsterror.

Nun fühlt sich Zet allein auf der Welt, einsam und überrascht äußert er sich, das er nicht wusste, dass das Land so traumatisiert sei.

Welt-Online bringt es auf den Punkt wenn sie unter dem Titel "Linker Anti-Rassismus ist nahe am Nazi-Meinungsterror" schreibt, dass Zets Unterstützer aus dem roten Lager längst einen losen Umgang mit Nazisymbolen pflegen würden, solange sie ihnen dienen:

Routiniert setzen Antiimperialisten Israel mit dem NS-Regime gleich, ein Plakat einiger Occupy-Aktivisten warb kürzlich mit dem Satz „Es ist Zeit für einen Laternenumzug", wobei an den Laternen unschwer auszumachen menschliche Körper hingen.

Zet, der dieses Buch nach einigen Aussagen nie gelesen hat, meine, es enthielte „antimigrantische Tendenzen".

Nun, da seine „Kunstwerke" Tendenzen von Schwachsinn aufzeigen, sollte er besser diese „recyceln".

HaHa…

20. Januar 2012

Wir im Norden haben es nicht leicht, leben wir doch mit so unsäglichen Länderbezeichnungen.

So nennt sich eine Informations-seite für Schleswig-Holstein mein-sh.info. Sogleich wird sie vom Verfassungsschutz beobachtet, denn jeder Bürger weiß, dass SH niemals für Schleswig-Holstein stehen kann.

Schlimmer ergeht es den Kameraden in Hamburg. Sie werden inzwischen sogar von der taz beobachtet.
Die taz kommt nicht auf die Idee, dass mein-hh.info das Hamburger Pendant zur Seite aus dem Land zwischen den Meeren ist und dass HH einfach nur für Hansestadt Hamburg steht. Nein, sie behauptet frech, es stehe für „Heil Hitler".

Vielen Dank für die Aufklärung, liebe taz. Aufklärung schadet nie.

Bleibt abzuwarten, ob auch in NiederSachsen eine Infoseite dieser Art entsteht.
Zeit für das Verbot der Autokennzeichen…
In diesem Sinne: HL.

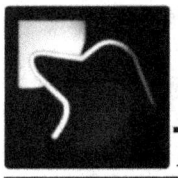
RZ: erfolgreich ist anders

23. Januar 2012

Laut den Lübecker Nachrichten entwickelt sich in Ratzeburg ein „Graffiti Krieg zwischen Rechts und Links", wobei wir wissen, dass nur die Linken schmieren. Frustriert verschandeln sie jetzt die Stadt wieder mit ihren eigenen dummen Parolen. Die Bürger sind verärgert, die Linken schmieren wieder, liegt es daran, das am vergangenen Sonnabend der Aufstand der Anständigen ins Wasser fiel?

Das „Bündnis gegen Rechts" rief, und ein linker Abklatsch der Fischerchöre kam, um zusammen mit dem Schleswig-Holsteineischen Innenminister Klaus Schlie (CDU) die Internationale sowie das jüdische Lied „Schalom alejchem" anzustimmen.
Scheinbar Altenheime der "Nachbarstädte" u.A. Neu-münster und Schwerin, die mit mehreren Reisebussen ihren Tagesausflug in der Domstadt verbrachten, gesellten sich neugierig zu den Demon-stranten auf den Marktplatz.
Hinzu kamen viele kleine Kinder, die sich über die ihnen um den Hals gehängten Schilder „Ratzeburg ist Bunt" freuten, ohne den eigentlichen Sinn zu verstehen, und von ihren Eltern mit dem Versprechen auf Bratwurst und Kakao mitgeschleppt wurden.

Ansonsten durften zwischen Stadtvertretung, Kirchenvertreter und Vertreter der SED, Staatsschutz, VS auch nicht die Piraten fehlen.

Die Anwesenheit der Antifa war an einer Hand abzuzählen, hatten sie doch mit ihren Schmierereien erfolgreich für diese Aktion gesorgt.

Alles in allem waren höchstens 1% der mündigen Ratzeburger Bürger anwesend, als ihre gesamte Stadt ein Zeichen gegen „Rechts" setzte, während die bösen Nazis gemütlich zusammen frühstückten und das bunte Treiben im strömenden Regen verfolgten...

Volkstod gegen Links

Mit den Worten „Der Verfassungsschutz hat eine Meise" empörte sich der Fraktionsvorsitzende der Ex-SED, heute die Linke genannt, über die Beobachtung Angehöriger seiner Partei durch den Verfassungsschutz (Videoverweis unten).

Die 22-jährige Leipzigerin Christin Löchner, Mitglied des Beauftragtenrates der „Linksjugend" Sachsen und bei der letzten Wahl Kandidatin der Linken für den Sächsischen Landtag, macht deutlich, dass gerade eine

24. Januar 2012

Beobachtung dieser Partei durch den Wasauchimmerschutz nötig ist.
So schrieb sie in einer Nachricht folgendes (ungekürzt):

—— Original Message ——
From: Christin Löchner
Sent: 01/20/12 09:17 AM
To: Deutsches Reich
 Subject: Re: Wir wollen diese BRD nicht mehr!

„In Ihrem eigenen Interesse: Löschen Sie mich umgehend aus Ihrem Verteiler. Es mag Sie vielleicht überraschen,

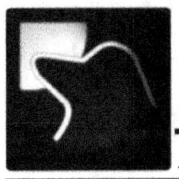

aber ich bin eine Volks-
verräterin. Ich liebe und för-
dere den Volkstod, beglück-
wünsche Polen für das er-
langte Gebiet und die
Tschech/innen für die verdie-
nte Ruhe vor den Sudeten-
deutschen.

Ich tanze am 8.Mai mit
Konfetti durch die Straßen der
Städte und danke den Alliiert-
en dafür, dass sie mir den
Hintern vor den Nazis gerettet
haben.

Mit Gleichgesinnten, der
USA und Juden treffe ich
mich darüber hinaus regelmäßig, um mich mit ihnen
über Leute wie sie zu amü-
sieren – für jeden guten Witz
gelangen sogar 50 Dollar in
eine Spendenbox für den
Neubau/Renovierungen von
Synagogen und jüdische
Zentren in der Republik.

Nein, ich bin wahrlich nicht
hilfreich für den Ausbau ihres
Wohnzimmerreiches – und ich
habe noch nicht mal ein

schlechtes Gewissen dabei.
Verlassen Sie sich also nicht
auf mich und informieren sie
mich nicht regelmäßig über
ihre Pläne – sie wissen doch:
Spione und Feinde muss
man doch ausgrenzen.

Fangen Sie am besten mit
Ihrer Mailliste an.

In dem Sinne: Still not
loving Germany!"

Eindeutig ist es die Linke, die
diesen Staat und sein Urvolk
abschaffen will. Frau Löchner, wenn Sie dieser Mei-
nung sind, sollten Sie mit
bestem Beispiel voran gehen.
Fangen Sie beim Volkstod
mit sich selbst an, in der
Hoffnung, dass Ihre
antideutschen Genossen_In
ihnen folgen.

"links blöd"

28. Januar 2012

Ja, die SED/Linkspartei wird vom Verfassungsschutz beobachtet, wollen sie doch das bestehende Unstaatsgebilde umkrempeln und eine kommunistische Diktatur errichten. Die Gräueltaten der Stasi werden verherrlicht und es zeigen sich im Zuge des Antikapitalismus und Antiamerikanismus immer mehr antisemitische Tendenzen.

Gregor Gysi hat jedoch recht wenn er sagt, der Verfassungsschutz hätte eine Meise. Der VS lässt eine sehr wichtige Partei außer Acht, die den Deutschen regelrecht den Krieg erklärt hat: die Grünen. Die Liste der Grünen Politiker, die sich des Volksverrates schuldig machen wird immer länger.

Harmlos sind Äußerungen von Jutta Dithfurth („Ich finde Deutschland zum Kotzen."), Siglinde Frieß („Ich wollte, daß Frankreich bis zur Elbe reicht und Polen direkt an Frankreich grenzt."), Cem Özdemir („Der deutsche Nachwuchs heißt jetzt Mustafa, Giovanni und Ali!") oder Claudia Roth („Deutsche sind Nichtmigranten, mehr nicht!") Der grüne Fraktionschef Jürgen Trittin findet den Verfassungsschutz laut BZ "rechts blind, links blöd".

Ja links blöd, nimmt er ja seinen linken Volksverrat nicht wahr. So posaunt Trittin gerne mal Sätze heraus wie z.B. „Deutschland verschwindet jeden Tag immer mehr, und das finde ich einfach großartig."

Dies hat natürlich auch seine Gründe, denn nur so ist die Machtübernahme durch die

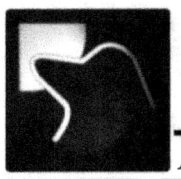

Grünen gesichert, dass bestätigt Daniel Cohn-Bendit: "Wir, die Grünen, müssen da-für sorgen, so viele Ausländer wie möglich nach Deutschland zu holen.

Wenn sie in Deutschland sind, müssen wir für ihr Wahlrecht kämpfen. Wenn wir das erreicht haben, werden wir den Stimmenanteil haben, den wir brauchen, um diese Republik zu verändern."

Spätestens jetzt ist die Flucht vor dem Verfassungsschutz angesagt. Zum Glück gibt es jetzt in Berlin eine Mitfahrzentrale nur für Moslems. Ein besonderer Service dieses Angebotes ist das Bekehren von Nichtmoslems.

Vielleicht sollten sich die Damen und Herren der Grünen dieser Mitfahrzentrale anschließen und schnellstmöglich das nächste Auto in Richtung Türkei nehmen, ohne Rückfahrschein.

Selbstverständlich streng getrennt nach dem Geschlecht, falls es bei den Grünen so etwas gibt.

Der Rhein-Fall in Hessen

28. Januar 2019

Wenn es nach Netz-gegen-Nazis geht, nutzen die „Rechtsextremen" Faebook & Co nur zur Anwerbung geistig labiler Jugendlicher, um sie für ihre Zwecke zu gewinnen.

„Menschenfeinde versuchen, sie zu manipulieren und auf ihre Seite zu ziehen." so Anetta Kahane, Vorsitzende der Amadeu Antonio Stiftung. Sie versuchen " langsam,aber sicher mit ihren hasserfüllten

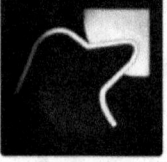
Ideen gesellschaftliche Normen zu verschieben".

Die Realität sieht allerdings anders aus. Nationalisten wollen unter sich bleiben. Sie machen ihre Freundschaftslisten und Pinnwände "dicht", damit sie für die Öffentlichkeit nicht einsehbar sind. Jeder, der den Verdacht erweckt kein treuer Volksgenosse zu sein, wird aus ihrer "Facebook-gemeinschaft" ausgeschlossen.

Jedoch versuchen immer wieder Antideutsche nationale Netzstrukturen mit „Fake-accounts", also Vorspieglung falscher Tatsachen, zu unterwandern. Das war Hessens Innen-minister Boris Rhein (CDU) dann doch zu suspekt. Er wollte sich sein eigenes Bild machen.

Als oberster Dienstherr des Verfassungsschutzes in Hessen wollte er selbst einmal V-Mann spielen. So schickte er Tony Fiedler, dem ehemaligen Vorsitzenden der Nachwuchsorganisation "Junge Rechte" (JR) der DVU, die inzwischen zum Großteil in der NPD aufgegangen ist, auf Facebook eine Freundschaftsanfrage.

Unklar ist noch, ob Rhein seinem VS nicht mehr traut und daher selbst versucht, die „Verfassungsfeinde" zu bespitzeln, oder ob er nur auf Stimmenfang für seine Kandidatur für die Wahl zum Oberbürgermeister in Frankfurt ist.
Gesamtrechts könnte ihm zum Sieg verhelfen.

Zitat:
"Manchmal, wenn ich wüsste, was ich schreiben sollte, dann würde ich es tun. Und zwar hier."
Maulwurfen, jetzt grad und hier
:)

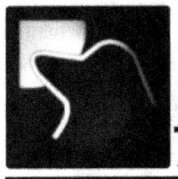
Heimliche Kontakte?

31. Januar 2012

Die SED/Linke ist nach wie vor empört über die Überwachung der Parteispitze durch den Verfassungschutz. Die Grünen sind laut Trittin anscheinend beleidigt, dass sie nicht auch überwacht werden. So stellte die taz vor wenigen Tagen extra ein Formular ins Netz, mit dem auch die Grünen eine Überwachung beantragen können. Nun lehnte der sächsische Innenminister Markus Ulbig (CDU) einen Untersuchungsausschuss des Landtages zur „Zwickauer Terrorzelle" ab. Es bestünde die Gefahr, dass die NPD durch solch einen Ausschuss Einblicke in sicherheitsrelevante Unterlagen erhielte und Zeugen befragen könne.

Wie heißt es so schön auf der Netzseite des VS in Sachsen?

Parlamentarische Kontrollkommission des Sächsischen Landtages (PKK)

Sie kontrolliert die Sächsische Staatsregierung hinsichtlich der Aufsicht des SMI über das LfV Sachsen und hinsichtlich der Tätigkeit des LfV. So unterliegt beispielsweise der Einsatz nachrichten-dienstlicher Mittel durch das LfV Sachsen dieser parlamentarischen Kontrolle.

Was hat Ulbig zu verbergen? Ist er selbst in diesen Skandal verstrickt?
Es wird die Angst seiner Landesregierung sein, dass sie Kontakte zur NPD hat. Angeblich sehen sie sich öfter auf konspirativen Treffen im sächsischen Landtag.

Peinlich wäre es auch, wenn herauskommen würde, dass

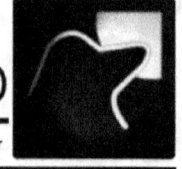

hochrangige Politiker vom VS überwacht werden. Allen voran Frau Merkel, die ihr Volk verrät und verkauft. Offen setzt sie sich gegen eine Demokratie in Deutschland ein und will die Regierungs.-geschäfte in die Hände der EU-Diktatur geben.

Ein klarer Fall für ein Verbot der CDU.

⬅ ➡ ▪ www.verfassungsschutz.**sachsen.de**/297.htm

≋sachsen.de — Verfassungsschutz

| Deutsch ▾ | Start | Suche auf sachsen.de | Suchwort eingeben | finden |

> sachsen.de ◆
> Sicherheit ◆

> Verfassungsschutz ◆
>> Berichte, Broschüren, Downloads
>> Aktuelles und Archiv
>> Blickpunkt
>> Extremismus in Sachsen
>> Spionageabwehr
>> Aufgaben und Befugnisse
>>> Aufgaben
>>> Organisation
>>> Befugnisse
>>> Informationenauswertung und Speicherung
>>> Kontrolle des Verfassungsschutzes
>>> ⊠ Unterschied zum MfS der DDR
>> Virtuelle Ausstellung
>> Glossar
>> Fragen und Antworten
>> Portalfunktionen

Ihr Portal auf sachsen.de

| Investoren ▾ |
| anzeigen |

Suche und Übersicht

> Erweiterte Suche

Unterschied zum MfS der DDR

Verfassungsschutz und MfS unterscheiden sich grundlegend voneinander.

Verfassungsschutz	MfS
Schutz der freiheitlichen demokratischen Grundordnung	Abschirmung und Sicherung eines totalitären Staates
Aufgaben und Befugnisse sind durch das Parlament gesetzlich geregelt	Keine rechtsstaatliche gesetzliche Grundlage
Dient keiner Partei	Schild und Schwert der SED, Mitarbeiter waren SED-Mitglieder
Kontrolle durch alle Staatsgewalten	Keine rechtsstaatliche Kontrolle
keine Zwangsbefugnisse, ausschließlich beobachtende Tätigkeit	Praktisch unbeschränkte polizeiliche und geheimdienstliche Befugnisse
Zivile Behörde	Bewaffnete Militärorganisation
Mitarbeiter Bundesrepublik: ca. 5.000 Freistaat Sachsen: 207 Bevölkerungszahl ca. 80 Mio.	hauptamtliche Mitarbeiter ehemalige DDR: ca. 91.000 Gebiet Sachsen: ca. 10.000 inoffizielle Mitarbeiter (IM) ehemalige DDR: ca. 175.000 Gebiet Sachsen: ca. 35.000 Bevölkerungszahl ca. 16 Mio.
Sucht den Dialog mit der Öffentlichkeit	Vermied jede Art der Öffnung gegenüber der Bevölkerung

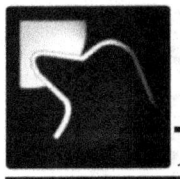

Guttenberg: erneuter Vorwurf

3. Februar 2012

Der neue Skandal um Ex-Verteidigungsminister Ex-Dr. Karl Theodor Maria Nikolaus Johann Jacob Philipp Franz Joseph Sylvester Freiherr von und zu Guttenberg scheint erneut ein Plagiat zu sein. So sollen ihm Netzaktivisten in einem Lokal in Berlin Friedrichshain eine Torte ins Gesicht gedrückt haben. Guttenberg über Facebook hierzu:

„Hurra, eine Tortenattacke! Ich dachte schon, ich würde in Friedrichshain verhungern. Zwei Aktivisten hatten gottlob mit mir erbarmen. Eine wunderbare Schwarzwälder Kirschtorte. Beim nächsten Mal dann bitte Käsesahne!

Dem Maulwurf liegt inzwischen eine Bekenner- DVD vor.
Hiernach handelt sich bei dem in der Presse aufgetauchten Video um ein Plagiat, ebenso wie bei der Torte, die keine Schwarzwälder Kirsch war. Der Anschlag kam nicht von „Netz"- Aktivisten, sondern von "Nazi"- Aktivisten, wie das Bild aus dem Bekennervideo zeigt.

Die Tatwaffe

Der NSU zeichnet sich hierfür verantwortlich und überlegt, rechtliche Schritte gegen Guttenberg und den Konditoren einzuleiten, der das Plagiat für den Ex-Doktor entwickelte.

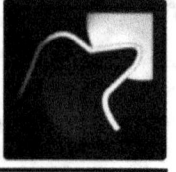
Wintereinbruch: Demokratie ausgefallen

5. Februar 2012

Wenn manche Leute das Parteigesetz kennen, sollten sie wissen, dass jede zugelassenen Partei das Recht auf einen Parteitag hat, sogar die Pflicht hierzu. Nun, dass Berufspolitiker nicht gerade die Weisheit mit Löffeln gefressen haben, ist der Bevölkerung im Allgemeinen bekannt.

So äußerte sich der Innensenator Frank Henkel in Berlin zum bevorstehenden Landesparteitag der NPD, dass ihm die Proteste dagegen recht wären.

Es ist schön zu wissen, dass ein Berliner Innensenator (gleichgesetzt mit einem Innenminister eines Bundeslandes) Demonstrationen unterstützt, die einen gesetzlich vorgeschriebenen Parteitag verhindern soll. Hiermit reiht sich der gute Herr Henkel von der CDU in eine Reihe von „Verfassungs"-feinden ein, wie sie längst nicht mehr nur in der Ex-SED oder Grünen zu finden sind. Er sollte mal seinen VS fragen, ob sie ihn nicht überwachen könnten, denn er erfüllt alle Gründe hierfür. Gegen diesen Parteitag haben laut Medien rund 1000 Antideutsche demonstriert. Das „rund" war ein wenig aufgerundet, wie auf einem Bild zu sehen.

Was soll nur aus unserer "Demokratie" werden, wenn sich die Gutmenschen nicht einmal mehr bei Sonnenschein aus den Häusern trauen?

Was soll aus unserer "Demokratie" werden, wenn die Verantwortlichen des Verfassungsschutzes "Vefassungs"- und Demokratiefeindlich handeln?

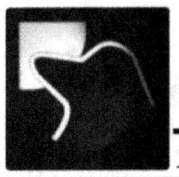
Alternatives Hauprojekt

6. Februar 2012

Schöne, heile, alternative Welt. So stellen sich die meisten roten Ökos das Leben vor. So auch im „linken & emanzipatorischem Hausprojekt Scherer 8 , im schwarzrotem Wedding" in Berlin.

re. Mensch ist gleich.

Aus diesem Grund ist es natürlich, dass auch jeder Migrant seine eigene Kultur auslebt. Dies bekamen die Bewohner dieses Hauses jetzt zu spüren.

Die Bewohner, die in ihrem Kollektiv in einer heilen Welt leben, die ausgerechnet über die Adolfstraße zu erreichen ist, träumen von der Gleichheit aller Menschen.

So ist für diese bunte, hanfverzehrende Truppe Multikulti Alltag. Integration geht gar nicht, da es Assimilation wä-

In anderen Kulturen gehören z.B. Gewalt und Schutzgelderpressung zum Alltag. So ist es nicht verwunderlich, dass dieses Haus erst wieder am Wochenende von rund 30 Kurden angegriffen wurde, die ihren Lohn zur Verschonung dieses Hauses einforderten. Bei dieser Gruppe handelt es um eine Bande

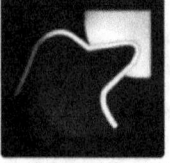
namens „Streetfighter" unter Leitung von Ahmed A. Weil es sich hierbei nur um eine Kulturbereicherung handelt, nehmen die Bewohner dies hin:

Da es sich weder um Nazis noch um Bullen handelt, sind die üblichen aktionistischen Mittel nicht anwendbar.

Laut Angaben hat die Hau-

gemeinschaft Angst als ausländerfeindlich oder rassistisch zu gelten, wenn sie mit Aktionen dagegen vorgehen würde.

Einen Kommentar hierzu auf Indymedia möchte ich nicht wörtlich wiederholen, die letzten Worte des anscheinenden Pressesprechers der „Streetfighter" waren jedoch: „… euch, ihr Opfer!"

US Marines mit neuer Flagge

8. Februar 2012

In Afghanistan entrollten US Marines ihre neue Flagge.

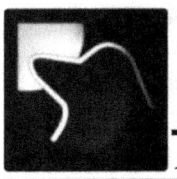
Eine Zumutung

8. Februar 2012

Seit Jahren besteht die Regelung der Demokraten, dass keine Besucher von außerhalb am 13. Februar den Sächsischen Landtag betreten dürfen.

Somit soll verhindert werden, dass die NPD Gäste einlädt und hinterher genehmigte Veranstaltungen wie den Trauermarsch besucht.

Dieses Jahr betrifft es auch unsere Bundestags- Vizepumuckelin Petra Pau von der SED.

Unter fadenscheinigen Gründen wollte sie die Fraktion der Linkspartei besuchen, die für diesen Tag zur Blockade einer genehmigten Demonstration aufruft, an der die Pau anscheinend auch „spontan" teilnehmen möchte. Grund ihres Besuches ist offiziell mit ihren Genossen über den geplanten Untersuchungsausschuss des Landtages zur Zwickauer Neonazi-Terrorzelle sprechen zu wollen, der jedoch gar nicht statt.finden wird, da ansonsten die NPD daran teilnehmen müsste.

„Es ist wohl ein einmaliger Vorgang in der deutschen Parlamentsgeschichte, dass ein Landtagspräsident einer Vizepräsidentin des Deutschen Bundestages de facto Hausverbot erteilt… Für mich ist das Amtsmissbrauch für politische Zwecke",

kritisiert SED/Linken-Fraktions-chef André Hahn dieses Vorgehen.
Er hat anscheinend vergessen, dass das, was Demokraten beschließen, auch für Demokraten gilt.

Schwarzmalerei

10. Februar 2012

Negerküsse und Mohrenköpfe (ja, hier im Norden waren es unterschiedliche Dinge) gibt es im Handel nicht mehr. Eisneger/Eismohren sind von den Eisständen verschwunden, tauchten jedoch wieder unter anderem Namen ohne Migrationshintergrund wieder auf.

Der Linken-Stadtrat Orhan Akman in München ist jetzt einer weiteren Diskriminierung auf der Spur.

Er fordert, dass die Münchner Verkehrsgesellschaft das Wort „Schwarzfahrer" in den öffentlichen Verkehrsmitteln „durch einen anderen Begriff, der nicht-rassistisch ist" ersetzt, da die Bezeichnung „die Hautfarbe bestimmter Menschen in einen negativen Kontext stellt".

Anscheinend scheint dieser Mensch zu vergessen, dass Personen mit afrikanischen Wurzeln schon lange nicht mehr als Schwarze bezeichnet werden. Sollte es dann nach ihm also heißen "Fahren mit afrikanischem Migrationshintergrund?"
Fragen über Fragen…

Hier wäre es ratsam auch effektiver gegen die Schwarzarbeit vorzugehen, wie sie auf jedem Baustellenschild zu finden ist, ja selbstverständlich sollten auch diese Schilder verschwinden.

Eine Abschaffung der GEZ wäre der nächste Schritt, dann würde es keine Schwarzseher mehr geben, so wie Akman einer zu sein scheint Schwarzbrenner sollten dann vom Schwarzmarkt verbannt werden, dass sie

nicht ebenso wie unsere Politiker mit ihrem billigen Fusel unsere Sinne vernebeln. Hierbei sollte jedoch unser Bundespräsident als gutes Beispiel vorangehen und künftig auf Schwarzgeld verzichten.

In diesem Sinne: Ist Schwarzbrot eigentlich die Frucht des Affenbrotbaumes?

Die Stimme der BRD

10. Februar 2012

Gratulation vom Maulwurf an "The Voice of Germany".

Schon als ich Dich das erste Mal sah, wusste ich, dass Du es sein wirst. Dein markantes Äußeres war prädestiniert dafür.

Du bist ein Vorbild für alle Deutschen und unsere Kultur! Man kann Dich in einem Atemzug mit Beethoven, Bach und Wagner nennen.

Heute war es besonders schwer für Dich zu gewinnen, da sich nur etwa 70% aller Einspieler und Moderationsansagen um Dich handelten. Doch Du hast es geschafft! Wir alle erkennen uns in Dir wieder. Du bist nicht nur unser Gesangs- sondern auch unser Schönheitsidol.

.

Alle Deutschen sollten so sein wie Du, damit wir wieder stolz auf unsere Herkunft und Kultur, ja, auf unser Land sein können.

Du bist die Stimme Deutschlands!
Du bist Deutschland!

Ivy Quainoo. Stimme und Vorbild Deutschlands.

Piratenfraktion Nds

@0_Piraten

Piratenfraktion im niedersächsischen Landtag est. 20.01.2013

Landtag, Hannover

5	45	160
TWEETS	FOLGT	FOLLOWER

Folge ich!

Gefolgt von

Piratenfraktion Nds @0_Piraten

Positiv betrachtet: Wir haben uns

Und die #NPD ist rau

Details

Piratenfraktion Nds @0_Piraten

Hier twittert jetzt die Piratenfraktion im niedersächsischen Landtag

#ltwnds #Piraten

...#Medienkampagne gegen uns #Piraten.Statt über den

...u berichten, stecken die uns unter #Sonstige @tagesschau #ltwnds

Details

Maulwurfen auf Twitter:

@MaulwurfenInfo

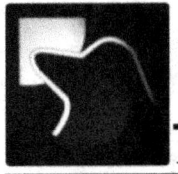
Hahaha… Dresden Nazifrei :)

13. Februar 2012

Wenn es nach der Antifa ginge, wäre Dresden heute Nazifrei.

Dass dies nicht immer so klappt, müssen sie Jahr für Jahr erneut feststellen.

Bereits in den Mittagsstunden wurden in aller Stille im Rahmen einer würdigen Gedenkstunde die ersten Kränze in Dresden niedergelegt.

Die erste Niederlage sollte einmal mehr jedoch die des Projektes „Dresden Nazifrei" sein.

Nationale Aktivisten waren der Meinung, das Netz sollte Antifafrei sein. So wurde kurzerhand die Seite dresden-nazifrei.com wie schon 2011 abgeschaltet.

„Wir haben aktuell noch keine Erklärung", sagte der Sprecher des Projektes "Dresden Nazifrei".

Wenn Ihr schon im Netz kapituliert, wie wollt Ihr dann auf der Straße bestehen? Ich dachte mit Blockaden und „Firewall" kennt Ihr Euch aus?

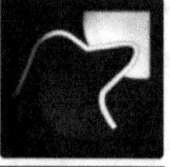
Karneval in Dresden

18. Februar 2012

Während der Trauermarsch kurzfristig in Gera angemeldet wurde und dort mit der „breiten Masse" von 70 Gegendemonstranten fertig werden musste, trafen sich in Dresden „Demokraten" und Anti.deutsche aller Couleur.

Laut taz blieb Dresden „Nazifrei", angekündigte Aktionen der Nazis seien nicht zu sehen gewesen. Sollte eigentlich jeder wissen, denn von nationaler Seite wurde für diesen Tag nichts angemeldet. Dies ist schon seit Anfang Januar bekannt.

So protestierten die Krawalltouristen gegen nicht stattfindenden Naziaufmarsch, errichteten mit Sicherheit ihre Barrikaden und Sitzblokkaden, in der Hoffnung, dass wenigstens noch ein Nazi auftauchen würde.

Es gab Fisch-Symbole, Schwarze Blöcke, und auch sonst alles, was man gegen Rechts auf die Straße bringen könnte. Mit Sicherheit ist auch der Alkohol gut geflossen, leere Bierflaschen sind sowohl Kapital der Zecken, als auch gute Wurfgeschosse. Ob diese Protestaktionen nun zu einem Karnevalsumzug umgemeldet wurden, ist nicht klar, doch in der taz liest es sich so:

Der bekannte Jenaer Jugendpfarrer Lothar König erschien diesmal nicht im schwarzen Talar wie am Mon-

tag, sondern in sehr schlichtem Obdachlosenzivil. Einige Demonstranten trugen Faschingskostüme und warfen Konfetti. Auf der Demonstrationsroute erschollen unter der Brücke am Neustädter Bahnhof nicht nur die Rufe "Alerta Antifascista!" wegen des Echos besonders laut.

Dort zündeten auch einige Böller.

Liebe Antifa, liebe Gutmenschen, dazu fällt mir nur eines ein:

„Ihr seid nur ein Karnevalsverein,..."

Isolierte Naturvölker sind ständig auf der Flucht

13. März 2012

Bis zu 60 Gruppen von Ureinwohnern Deutschlands ist es gelungen, sich von der Zivilisation fernzuhalten – bedroht werden sie seit dem Eintreffen der ersten Migranten.

"Wir wissen nicht, zu welchem Volk die Menschen gehören", sagt Nukuhar Al Sharif, Sprecher einer Menschenrechtsorganisation mit Sitz in London. „Dazu müsste man wissen, welche Sprache sie sprechen", sagt Al Sharif. Die Organisation hat die Fotos von der deutschen Bundesbehörde Arge bekommen und kürzlich veröffentlicht. Zwar setzen sich Organisationen schon seit langem für den Schutz der letzten Ureinwohner Deutschlands ein, allerdings möchten diese unter sich bleiben.

Auf den Bildern sind Kinder und Erwachsene mit spärlicher Kleidung. Sie scheinen bei guter Gesundheit zu sein.

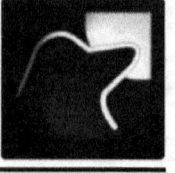
Ganz anders als viele der Deutschen, die am Rande deutscher Großstädte in Armut leben. Die Menschen im Wald haben Körbe mit frischem Wurzeln und Kräutern dabei, ihre Körper sind hell, so wie ihre Haare.

Aber auch ein industriell hergestellter Kochtopf und eine Machete sind zu sehen. „Wir vermuten, dass sie die entweder bei anderen Deutschen eingetauscht oder sie gefunden haben", sagt Al Sharif. Es gebe viele Gruppen, die ganz sporadischen Kontakt mit der Außenwelt hätten. Aus schlechten Erfahrungen mit Fremden hätten sie aber gelernt, solche Kontakte so weit wie möglich zu meiden.

Die Ureinwohner des heutigen Nord- und Westeuropa wurden von den osteuropäischen, afrikanischen und arabischen Einwanderern versklavt und teilweise ausgerottet. Auch die Bewohner der Städte Berlin, Hamburg, München und im Ruhrgebiet sind grausam niedergemetzelt worden oder an eingeschleppten Krankheiten gestorben.

Besonders schlimm war die Zeit des Drogenbooms Anfangs des 21. Jahrhundert, dem schätzungsweise 90 Prozent der zuvor dort lebenden Ureinwohner zum Opfer fielen.
Solche Erfahrungen werden über Generationen weitergegeben.

Text basierend auf einen Artikel über Ureinwohnern Amazoniens in der WELT.

Von Piraten und rechten Socken

12. Dezember 2012

Wenn es um Wählerstimmen geht, ist die CDU ja immer sehr einfallsreich. Nicht selten fischt sie hierbei auch am „rechten" Rand.

In Hessen startete sie eine Netzkampagne unter der Adresse www.linke-ecke.de aufgemacht und angereichert mit einer Graphik, wie man es eher von der NPD erwarten würde. Anscheinend wollen die Rattenfänger der CDU hier gezielt Jugendliche ködern.

Der Piratenpartei in Hessen gefiel dies nicht so ganz, fährt sie doch dort unter Kulturbereicherer Thumay Karbalai Assa den harten linken Kurs.

Die CDU-Kampangne sei „ewig gestrig", so ließ man sich etwas neues einfallen, kopierte die Seite nahezu komplett unter dem Namen rechte-socke.de und ließ fünf schwarze Socken mit CDU-Logo über einem weihnachtlich geschmückten Kamin baumeln mit dem Spruch: "Häng auf deine rechte Socke!" , frei nach dem CDU-Wahlkampfmotto der neunzIger Jahre. Vielleicht nicht ganz so ewig gestrig, aber man stelle sich nur einmal vor, die NPD würde ähnlich werben…

Ja, die Piraten. Niemand weiß, wohin der Kurs führt, anscheinend nach unten. Am letzten Sonnabend noch einen „sozialliberalen" Flügel gegründet, um die Kapitalisten anzulocken, fischen auch sie wieder in "rechten"

Gewässern (nachdem kurz zuvor "Nazis" doof waren). In Schleswig-Holstein unterstützt die Piratenpartei eine Wahlprüfungsbeschwerde der NPD. Dies sorgte für einen verbalen Streit unter den Systemparteien, wie man ihn aus dem Kindergarten kennt. Steffen Voß, "Social-Media-Beauftragter" der SPD in Schleswig-Holstein und Betreiber des "Landesblogs" zickte in Richtung Piraten:

"Die Piratenfraktion hat damit klargemacht: Es gibt eine politische Schnittmenge zwischen ihrer Partei und der NPD – das darf nicht passieren. Es war bisher ein Konsens, dass demokratische Parteien keine Schnittmenge mit rechtsextremen Parteien haben!"

Völlig den demokratischen Grundwerten entsprechend schreibt er den Piraten eine "totale politische Blödheit" zu.

Trotzig reagiert Piraten Fraktionschef Breyer, es gäbe inhaltliche Schnittmengen zwischen der NPD und allen Parteien.

Recht hat dieser Mensch, nur eingestehen will es niemand. Er geht sogar noch ein wenig weiter und zählt einige Schnittmengen auf, dass dem Gutmenschen die Nackenhaare in die Höhe schießen:

"Abschaffung der Ökosteuer, Einführung einer Mindestrente, Einführung von Mindestlöhnen,Privatsphäre statt Rundumüberwachung, Kinderpornografie härter zu ahnden."

Ralf Stegner, Landesvorsitzender der SPD in Schleswig-Holstein, sieht das ganze ein wenig gelassener "Man macht keine gemeinsame Sache mit Nazis – egal um

was es geht." So ist eben Demokratie.

Weniger Probleme haben die Piraten in Duisburg. Dort wechseln die Mitglieder zur prozionistischen (sogenannten „rechtspopulistischen")Pro NRW, allen voran der ehemalige Piratenpartei-Sprecher Andreas Winkler. Aber dies ist wieder ein Fall für sich, denn angeblich war er nie in der Piratenpartei, sagen die Piraten.

Früher hätte man solche Leute Kiel geholt, aber heute gehen sie alle selbst über die Planke.

Ahoi Piraten, gute Nacht BRD.

Sie sind welche von uns!

#Solidarität   #Abschiebär #Krümelmonster #Platzhirsch

MAULWURFENINFO

Maulwurfen auf Preussischer Anzeiger

AUF EINER KARTE ERGEBEN DIE TATEN DER KILLER-NAZIS IHR LOGO

Politiker entdeckt Mord-Muster des NSU

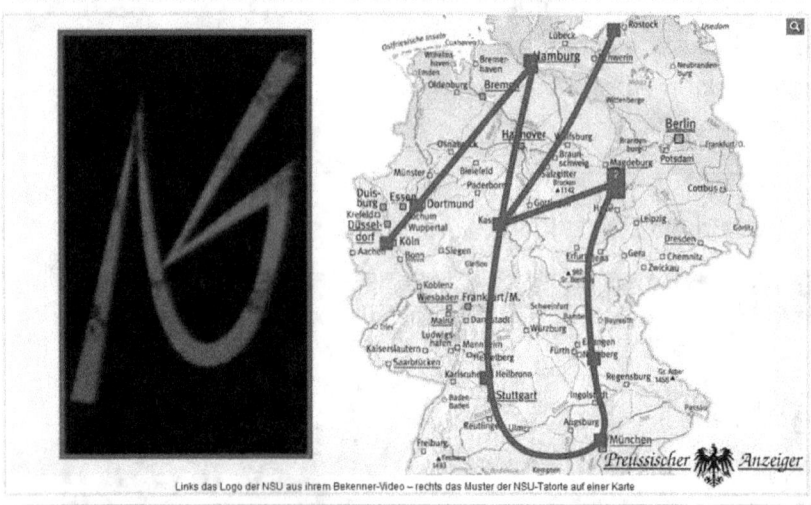

Links das Logo der NSU aus ihrem Bekenner-Video – rechts das Muster der NSU-Tatorte auf einer Karte

Die dazugehörigen Artikel findet man auf und im PA :)

Randalierende "Rechte" bei den Krawallen in der Frankfurter Innenstadt

Friedlicher "linker" Demonstrant Abseits des Geschehens in Frankfurt

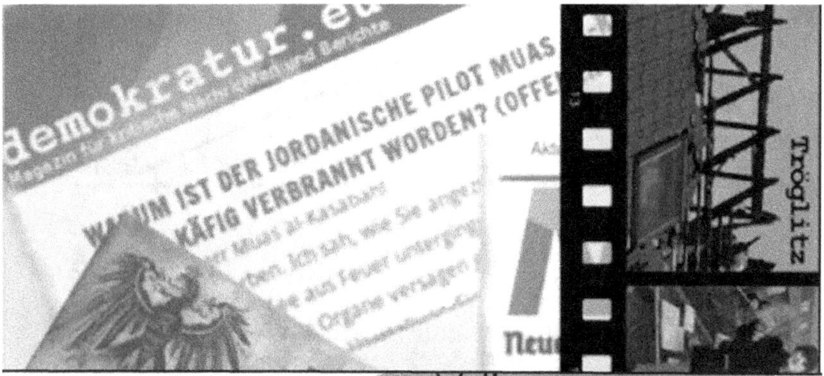

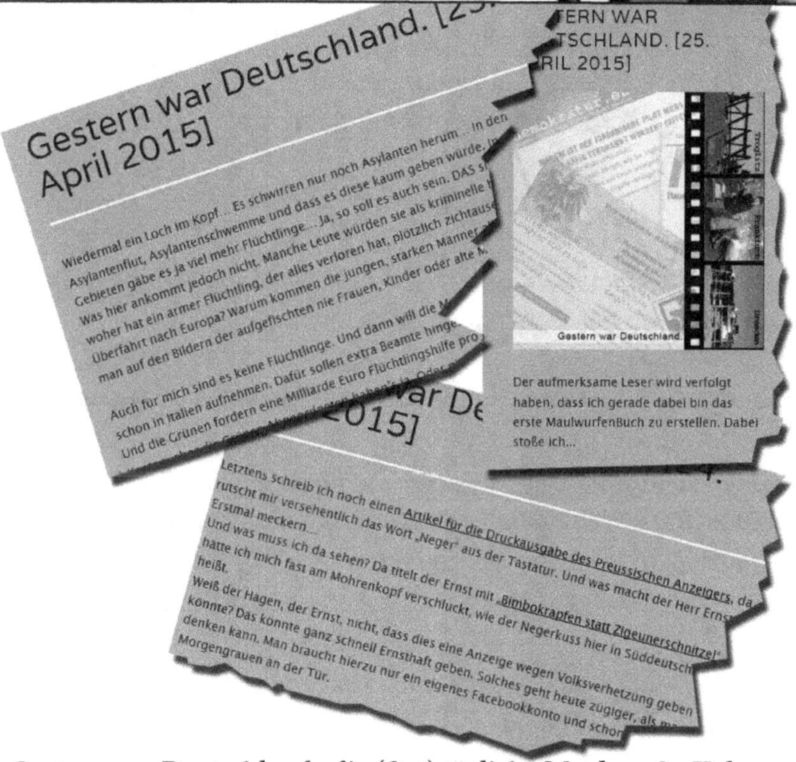

Gestern war Deutschland - die (fast) tägliche MaulwurfenKolumne
auf
www.preussischer-anzeiger.de

Depp!

30. Dezember 2012

Allabendlicher Politikerplausch auf Twitter.
Heute in den Hauptrollen:
Lars Klingbeil (@larsklingbeil), 36 Jahre alt, SPD MdB und
stellvertretender Landesvorsitzender der SPD in Niedersachsen
Dorothee Bär (@DoroBaer), ebenfalls 36 Jahre alt, CSU, MdB.

Lars: *"wir brauchen mehr politiker die langweilige sachen sagen!"*
Dorothee: *"Dafür haben wir doch Dich! ;-) RT @larsklingbeil: wir brauchen mehr politiker die langweilige sachen sagen!"*
Lars: *"@DoroBaer gähn"*
Dorothee.: *"@larsklingbeil Ach komm. Das war doch liebevoll!"*
Lars: *"@DoroBaer naja, doro. das ging schon besser!"*
Dorothee : *"@larsklingbeil Ehrlich? Wann? Beweise!"*
Lars: *"@DoroBaer damals als edmund noch regierte und ihr noch über 50% hattet. also lange her :)"*
Dorothee: *"@larsklingbeil Und da soll ich nett zu Dir gewesen sein?!?"*
Lars: *"@DoroBaer natürlich nicht. lese gerade in der BILD dass du ministerin wirst. glückwunsch!"*
Dorothee: *"@larsklingbeil na wenn es da steht, wird es wohl stimmen…"*
Lars: *"@DoroBaer es ehrt mich dass du trotzdem mit mir twitterst!"*
Dorothee: *"@larsklingbeil Depp!"*

Wie ein altes Ehepaar.

CDU-Menschenrechtspolitiker fordern Verbesserung

19. Dezember 2012

Der Bundesfachausschuss Entwicklungszusammenarbeit der CDU fordert größere Anstrengungen für eine Verbesserung der Menschenrechtslage.

"In den letzten zehn Jahren hat es zwar manche Fortschritte gegeben", betonte der Ausschussvorsitzende Arnold Vaatz, "allerdings müsse die Regierung weiterhin große Anstrengungen unternehmen." Beim Schutz der Menschenrechte sei das Land noch meilenweit von europäischen Standards entfernt. Dies gelte laut Vaatz insbesondere bei der Religions-, Presse- und Meinungsfreiheit sowie bei den Rechten von Frauen und Minderheiten.

Er bezieht sich darauf, dass die christliche Minderheit nicht in besonderer Weise ge-

schützt und gefördert würde. Und die religiöse Zugehörigkeit in Personaldokumenten festgehalten, dies biete somit Anlass für Diskriminierung im Alltag.

So wird in Hessen der Islamunterricht eingeführt, während andernorts über die Aufhebung des Religionsunterricht diskutiert wird. Moscheen werden gebaut, Kirchen geschlossen. Die Liste der Ungleichbehandlungen ist lang.

Was in der Pressemitteilung der CDU fehlt ist der Hinweis darauf, dass auch die politischen Gegner der nationalen Opposition tagtäglich verfolgt und diskriminiert werden. Es werden sogar Daten über sie gesammelt, der Inlandgeheimdienst taucht regelmäßig auf Arbeitsstellen Op-

positioneller auf, es geht hin bis zu menschenrechtswidrigen Verhaftungen und Prozessen.

Thierse: Schluss mit Toleranz

Bundestagsvizepräsident Wolfgang Thierse (SPD) empfindet das alltägliche Zusammenleben mit Zugezogenen als strapaziös. Sie kämen nach Berlin, weil dort alles so bunt, abenteuerlich und quirlig sei, aber wenn sie eine gewisse Zeit da waren, dann wollen sie es wieder so haben wie zu Hause, bemängelte er.

Thierse ärgere sich, wenn er etwa beim Bäcker erfahre, dass es nicht mehr Schrippen heißt oderwenn ihm in Geschäften "Pflaumendatschi" angeboten würden. "Was soll das? In Berlin heißt es Pflaumenkuchen".

Oh, Entschuldigung. Ich sehe gerade es geht nicht um die BRD, es geht um die Türkei…

30. Dezember 2012

Angesichts dieser Zustände werde er "wirklich zum Verteidiger des berlinerischen Deutsch. 90 Prozent meiner Nachbarn am Kollwitzplatz sind erst nach 1990 dorthingezogen." Man müsse ihn als einen der letzten Eingeborenen dort wohl "allmählich unter Artenschutz" stellen, so der für seine Toleranz bekannte Politiker weiter.

Wer jetzt meint, es gehe hier um Kulturbereicherer aus dem Orient, der irrt sich gewaltig. Sie scheinen ihn nicht zu stören, sie gehören zu Berlin wie der Islam zur BRD. Es geht um Schwaben.

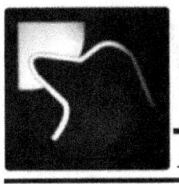

Dresden: Freibier statt Spenden!

12. Januar 2013

Anscheinend geht es der BRD finanziell schlechter als bisher angenommen. Die Gelder reichen nicht einmal mehr aus, um den Kampf gegen "Rechts" zu unterstützung. Auch wenn sonst alles gekürzt und gestrichen wurde, hierfür war bisher immer ausreichend Geld da. Oder haben die Genossen in Dresden ihre "Stütze" einfach nur versoffen?

"Nazis blockieren ist wichtig und nötig... Nazis blockieren kostet aber auch Geld!" heißt es auf der Seite von Dresden-Nazifrei. Alles kostet Geld, auch die Künstlerinninnin, die hierfür engagiert werden und auf ihre Tagesgage in der Fußgängerzone verzichten müssen.

Dass man anstatt herum zu jammern diese Ausgaben einfach senken könnte, indem man zu Hause in der warmen Stube bleibt und dort sein Bier trinkt, setzten sie sich Jahr für Jahr auf die Straße.

Gut, an anderen Tagen tun es diese Leute auch, aber da können sie sich ihr Geld auch bei vorbei kommenden Passanten erschnorren. Diese bleiben in einer Blockade aus, weil man unter seinesgleichen ist.

Bisher hat man immer versucht die Kasse mit "Solipartys" aufzubessern. Doch irgendwann kam man dahinter, dass das Freibier für alle nicht so besonders viel Geld einbringt.

Daher kamen die Leut_Innen von "Dresden Nazifrei" jetzt auf die Idee ein Spendenkonto einzurichten.

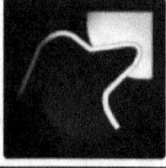
Schöne Sache, nur von allein füllt es sich nicht. Also sollen auch Spenden fließen. Jeder Unterstützer soll 5€ spenden, was einem Tageseinkommen eines Schnorrers in der Innenstadt entspricht. Das ist zu viel denn Tabak- und Alkoholsteuer schlagen auch bei Blockierer zu.

Da muss ein besonderer Reiz her, dachte man – entschuldigung: man_in – sich, so soll jetzt unter den Spendern ein Bild ,ein angebliches Unikat, verlost werden. Es wird nicht gezeigt, um was für ein Bild es sich handelt. Zu sehen ist nur eine schwarze Fläche, denn es ist eine Überraschung. Stück für Stück soll das Bild angezeigt werden, je mehr Spenden eingehen. Wenn Spenden eingehen, denn das Bild ist nach Tagen immer noch schwarz.

Oder ist das gesamte Bild schon aufgedeckt und es ist einfach nur schwarz?

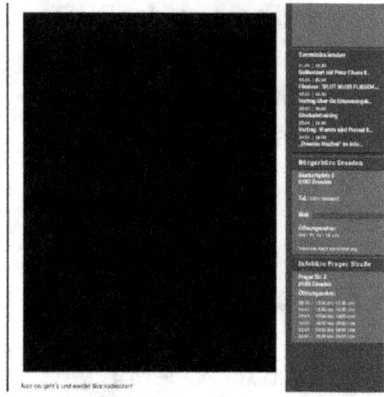

Ich gehe davon aus, dass potenzielle Spender von dieser Aktion eher abgeschreckt werden. Immerhin besteht die Gefahr, dass sich um ein "Likörell" des Blockadeteilnehmers Udo Lindenberg handelt. Da kann man sein Geld lieber gleich versaufen.

Es ist ein Glücksspiel für beide Seiten. Da empfehle ich für nächstes Jahr russisches Roulette. Das kommt auch auf roten Solipartys gut an.

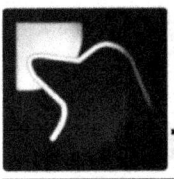
Magdeburg: Erfolgreicher Mißerfolg

13. Januar 2013

Nach dem Magedeburger Gedenkmarsch, der von Anfang bis zum Ende diszipliniert und störungsfrei durchgeführt wurde, sprechen auch Medien, Grüne, Rote und andere Antideutsche von einem Erfolg – allerdings für sich.

Bestes Beispiel hierfür ist der selbsternannte "Green member of the state parliament of Saxony-Anhalt. MA candidate in Peace and Conflict Studies." Mit diesem Titel kann kein Mensch etwas anfangen, hört sich aber besser an als "Lantagsabgeordneter". Er,der so gern von "Ekelnazis" und "Ekelkundgebungen" spricht, feierte am Sonnabend den ganzen Tag – man könnte meinen feucht fröhlich - die erfolgreichen Proteste. Lange vor Beginn "twitterte" er bereits: "Bisher keine Nazidemo nirgends :)". Hätte er nur abgewartet. Aber darin ist er mit seinen Parteigenossen nicht so gut. Denn bereits nachdem die (Falsch-)Meldung herauskam, dass der Gedenkmarsch östlich der Elbe verlaufen könnte, meldeten sie dort Kundgebungen an, erstritten sie sogar vor Gericht. War aber sinnlos, passend zu den Grünen, die somit die Gegendemonstranten in einen völlig entgegengesetzten Stadtteil gelockt haben.

"Nazis haben die City heute nicht gesehen" schrieb er abends munter weiter um am Sonntagmittag zu verkünden: "Nach ihrem peinlichen Stadtrand-Auftritt gestern sagen Nazis Marsch am 19. ab. Danke an alle GegendemonstrantInnen von gestern!" Hier stellt sich die Frage, wer hier peinlich ist. Es wird von

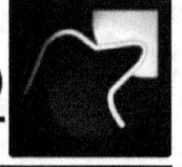
nationaler Seite aus schon lange nicht mehr zum 19. mobilisiert, im Gegenteil. Zudem, Ziel eines Gedenkmarsches ist in Würde zu gedenken, nicht wie die Grünen ein frohes Straßenfest zum Gedenken an die Bombadierung zu feiern. Ekelselbstbeweihräucherung.

"Demokratie lebt vom Widerspruch" steht ganz groß auf der Netzseite der Ex-SED Sachsen-Anhalt. Anscheinend auch diese Partei selbst. Sie bezieht sich haupsächlich auf das rot-grün-bunte Familienfest in der Innenstadt und nennt es Gegendemonstration. Sie spricht davon, dass "mehr Gegendemonstrantinnennen und -demonstranten als je zuvor in Magdeburg" gewesen seien, meint hiermit jedoch neben herangekarrten Gewerkschaftlern die Familien, die sich an den vielen Kaffee- und Kuchenständen vergnügten und über die ganzen bunten Clowns lachten. Oder über sich selbst.

Oder sind mit Demonstranten, die für "gewaltfreie Gegenproteste in Magdeburg unterwegs" waren, die vermummten Randalierer gemeint, die Polizisten mit Steinen und Flaschen attackierten, deren Einsatzfahrzeuge mit Knüppel und Stangen malträtierten, etliche Scheiben einwarfen und unschuldige Müllcontainer anzündeten?

Natürlich könnten auch die -nach eigenen Angaben- vierzig Mutigen gemeint sein, die mit ihren Kinderstimmchen die Abschlußkundgebung niederbrüllten, so wie sie selbst es stolz auf Twitter verkündeten. Einziges Ergebnis dieser Aktion ist die Heiserkeit am nächsten Tag,

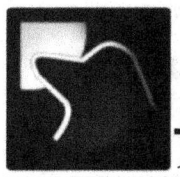

denn ausser sie selbst hat sie niemand gehört.

Andere hatten wiederum Spaß beim Topfschlagen. Gut, das könnte man als Erfolg werten, allerdings müsste die Antifa hier erst die Spielregeln begreifen.

"Es kommt darauf an, den Nazis solche Straßenaktionen als Event und als Selbstinszenierung zu vereiteln".

Nun, verstehe diese Ausage wer will. Straßenaktion und Event als Selbstinzinierung? Was haben die Roten denn so den ganzen Tag gemacht abgesehen sich selbst mehr oder weniger feucht zu feiern? Naja, vereitelt worden ist jedenfalls nichts.

"Kein Tag für Nazis" lautet die Überschrift zum Fazit auf der Ex-SED- Seite. Diese Überschrift allein ist schon eine reine Selbstinzinierung, denn

der Gedenkmarsch war ein absoluter Erfolg für die nationale Opposition. Sie braucht keine Zuschauer, sie weiß, wie ein würdiges Gedenken aussieht, denn Gedenken ist weder ein "Event" noch eine lächerliche Straßenaktion, wie man es von den Roten kennt. Aber was man nicht gesehen hat, kann es auch nicht gegeben haben.

Nächste Woche kann rot-grün-bunt noch einmal in Ruhe üben, denn ein weiterer Gedenkmarsch ist nach diesem erfolgreichen Jahres-

Die Gegendemonstration: *"Ist das alles? Wirklich alles"*

auftakt für die nationale Opposition nicht nötig. Die Tage können für andere Aktionen genutzt werden. Natürlich wird das auch als Erfolg der Antideutschen gefeiert, denn mit feiern kennen sich diese Leute bestens aus. Auch auf Demonstrationen. Daher sollten die Roten an die Lautsprecherdurchsage ihrer Versammlungsleitung denken:

"Sauft nicht so viel, damit Ihr Euch noch artikulieren könnt! Und hört auf Flaschen zu werfen. Ihr trefft nur die eigenen Leute!"

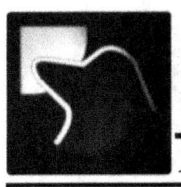
Isenschnibbe

15. Januar 2013

"Unbekannte haben die Gedenkstätte Isenschnibber Feldscheune bei Gardelegen erneut geschändet" so lautet ein groß aufgemachter Bericht beim MDR.

Dies lief dann auch durch sämtliche BRD Medien. Nur, was ist Isenschnibbe und was für eine Feldscheune ist gemeint? Niemand weiß es.

"Mehr als 1.000 Kreuze und Davidsterne erinnern in Isenschnibbe an die Opfer des Massakers von 1945." Gut, muss also wichtig sein, fast so wie das Holocaust Mahnmal in Berlin. Dort werden spielende Kinder, die auf den lustigen Steinen herumhüpfen, mit einem Platzverweis belegt. Ist auch wichtig. Man muss ja in Stille an diese maroden Betonklötzen gedenken.

Jedenfalls sollen in der Feldscheune 18 - welch hysterische Zahl - Kreuze aus dem Boden gerissen und "als Hakenkreuz angerichtet" worden sein. Dies ist so wichtig, dass der Staatsschutz ermittelt, wie damals bei den Spuren im Schnee. Wieder eine Straftat "rechts", egal ob es ein Kinderstreich war. Wir brauchen diese Art von Skandalen, denn dies geht durch die Medien, nur so kann man die NPD verbieten. Es handelt sich um eine Gedenkstätte für NS-Opfer, da geht so etwas gar nicht.

"Der Gedenkstein wurde bespuckt, die Randalierer beschimpften die Polizei. Die Polizei ermittelt gegen die Chaoten." so die BZ.

Ein Skandal, denkt Ihr jetzt? Nö, das ist eine andere

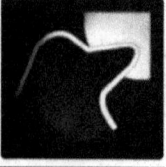

Sache, das war in Berlin. Es geht noch weiter: "Wie in den Vorjahren pöbelten und randalierten erneut Jugendliche am Gedenkstein für Stalinismus-Opfer gegen die jene, die an seine Opfer erinnern wollten. Nur durch massiven Polizeieinsatz, einmalig auf einem Berliner Friedhof, konnte ein Zerstören der Kränze verhindert werden. Einige Vermummte bespuckten den Stein und beschimpften die Beschützer als Faschisten. Platzverbote wurden erteilt ..." Wie kann das sein, dass man von diesem Vorfall aus der Presse abgesehen von der BZ nichts erfährt? Waren die Faschisten jetzt die Angreifer oder die Opfer? Es ist nur sehr schwer herauszulesen. Die Angreifer waren soche, die auch Denkmäler für die gefallenen deutschen Soldaten Jahr für Jahr schänden, abgelegte Kränze entsorgen, Holzkreuze her-

ausreissen. In der Regel nach dem 8. Mai und nach dem Heldengedenken. Es sind rote Neofaschisten.

Aber wer waren die Personen, die dort Kränze und Blumen niederlegten? Das können ja nur Nazis gewesen sein. Aber warum hat man nichts darüber in der Presse gelesen, wenn Nazis so öffentlich provozieren? Dies waren auch keine Nazis sondern die Elite der ex-SED Oskar Lafontaine, Sahra Wagenknecht, Gregor Gysi und Petra Pau, die Rosa Luxemburg und Karl Liebknecht gedenken wollten. Es waren soche, die auch Denkmäler für die Gefallenen deutschen Soldaten Jahr für Jahr schänden, abgelegte Kränze entsorgen, Holzkreuze herausreissen. Wenn vielleicht auch nur verbal. Auch die sind rote Neofaschisten, könnte man denken.

Ein interner Sreit unter Roten in Berlin, wie er tagtäglich vorkommt. Zwischen AntiImp, AntiD, AntiVir… Interessiert wirklich niemanden. Auch nicht die Medien. Schon gar nicht den Staatsschutz.

Was lernen wir daraus? Die Opfer des Stalinismus sind nicht so wichtig, auch wenn es zwei, drei mehr waren. Und den Putschisten Luxemburg und Liebknecht darf man ungestraft gedenken, auch wenn ihre Herrschaft weit aus mehr Todesopfer gefordert hätte, als man je auf deutschem Boden erlebt hat.
Aber das ist alles Isenschnibbe.

Wieder Arbeitsamt angegriffen

15. Januar 2013

Erneut griff die Antifa Ihren Geldgeber an. Diesmal in Kaufbeuren. Voller Mut und Elan stürzten sich die Roten auf das Gemäuer des dortigen Arbeitsamtes, leider nur mit Farbe und nicht mit vollem Körpereinsatz.
Natürlich mitten in der Nacht vom 13.01 auf den 14.01 schrieben sie kuge Sprüche wie „Free Ricardo!" an die Wand. Somit soll der Genosse R. (der Name Ricardo soll wahrscheinlich in der Öffentlichkeit nicht erscheinen, um von sich abzulenken) freigepresst werden, der bei einem Termin im Jobcenter festgenommen wurde.
Die Antifa wird immer radikaler. Immer deutlicher wird, dass Antifa Angriff heißt! Früher bewarfen die Roten noch Polizeistationen und Gefängnisse mit Mollis oder entführten Flugzeuge, um ihren Interesse Aufmerksamkeit zu verschaffen. Aber früher war auch mehr Lametta.

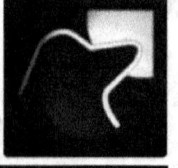
Ich hab die Haare schön – die dümmste Anti-Naziseite
Deutschlands   18. Januar 2013

Wenn die Gutmenschen nur noch solche Seiten erstellen, müssen Nationalisten sich keine Sorgen mehr über Gegner machen.

Die anscheinend dümmste Anti-Naziseite der BRD ist gefunden: „Die Welt muss nicht immer kahl sein." So der Titel der Seite. Offensichtlich erstellt durch eine Friseurklasse in Nürnberg Land. Die Schüler in Friseurklassen sind zu 90% dumm und politisch ungebildet. Bevor jetzt der große Aufschrei kommt: ich darf dies sagen, denn ich hatte einige Mitschüler, etwa 90%, die diesem Klischee entsprochen haben – und dies in den 80er Jahren, in denen die Umerziehung noch nicht so weit vorangeschritten war, als es sogar noch ein hohes Maß an Allgemeinbildung gab. Wie haben wir damals über die mangelnde Allgemeinbildung bei den US-Bürgern gelacht. Heute wissen die Schulabgänger nur, dass die USA eine Insel in Afrika ist. Irgendwo bei Belgien.

Zurück zum Thema. Schon der Titel ist sehr einfallsreich, unterstrichen wird dies mit der Unterseite „Die bunte Welt der Hochsteckfrisuren". Dort sind Bilder von Hochsteckfrisuren an Übungsköpfen abgebildet. Toll. Hat nichts mit Politik zu tun aber gehört auf jede Anti-Nazi Seite.

Unter „Ihr Style" ist jedoch die Haarpracht von bösen Neonazis zu sehen. Aber eher unterhalb der Nase im „Style" einer aus den Geschichtsbüchern bekannten Person. Natürlich darf hierzu auch

eine pflegeleichte Kurzhaar-
frisur mit Scheitel nicht fehlen,
während der andere Übungs-
kopf seine entblößte Kopfhaut
zeigt. Vor- und Nachteile der
jeweiligen Frisuren, auch die
aller weiblichen Neonazis,
werden auf der Seite aus-
führlich und seriös behandelt.
Weiter findet man hier auch
unter „Ihre Kleidung und ihre
Waffen" Bilder von Sprin-
gerstiefel und Waffensamm-
lungen, die dem Spiegel ent-
nommen sind. Die Bilder,
nicht die Stiefel und Waffen-
sammlungen.

Unter „Interview" finden wir
einen sehr schön beantwor-
teten Fragenkatalog. Die
schlauen Antworten strotzen
nur so voller Intelligenz und
Aufklärung:

*Bist du schon mal mit Rechts-
extremismus oder Fremden-
denlichkeit in Berührung gekommen, wenn ja, wie?*

*„Ja, ich habe es mit meiner
Familie am eigenen Leib
gespürt, wir waren in einer
Großstadt und wurden dann
von Rechtsradikalen angepöbelt."*
So etwas passiert schonmal,
wenn man von Lauf in die
Nürnberger Innenstadt fährt.
Dass man dort jedoch mit
einem „Greuter Fürth"-Schal
angepöbelt wird, ist keine
Seltenheit. Aber nicht alle
Fußballanhänger würde ich
pauschal als Nazi betiteln.
*„Nein, zum Glück noch nie,
nur in den Nachrichten habe
ich davon gehört."*
Da ist es doch gut, wenn man
den Nachrichten glaubt, finden wir in der Lebkuchen-
stadt doch tagtäglich neue
Hinweise auf Manichl.
*„Ja, eine indische Freundin
von mir wurde von Neo-Nazis
in der Stadt verspottet."*
Aber die Verspottung der In-
derin kann man nicht so einfach hinnehmen. Wie kann

man sie auch beleidigen indem man sagt, sie würde nur mit Filzköpfen zusammenhängen? Friseure sind gemein. Alle, die gemein sind, sind Nazis.

Was ist deine Meinung zum Rechtsradikalismus?

„Es ist eine komplett andere Lebenseinstellung, die ich nicht nachvollziehen kann.“ ... Ich stehe lieber vor dem Spiegel und male mich an. *„Schrecklich, denn wir sind doch alle gleich!“* Ja, wir sind alle gleich. Die einen mehr, die anderen weniger. Neger sind gleicher, weil sie kein Geld für die Sonnenbank ausgeben müssen. Sie sind von Natur aus braun. Und sie bekommen keinen Sonnenbrand auf der Glatze. Das finden Nazis ungerecht, daher mögen sie auch keine Neger. *„Sehr schlechte Einstellung,*

dennoch haben wir sehr viele Ausländer in Deutschland, die kein Deutsch sprechen und dennoch sehr viel Geld vom Staat bekommen. Sie müssen sich besser integrieren!“ Warum sollen die sich besser integrieren, wenn die auch so Geld vom Staat bekommen? So blöd wie Du (denkst?!?) sind die auch nicht.

Was denkst du treibt Menschen zu so einer Einstellung?

„Sie werden von Neo-Nazis angeworben und so lange bequatscht bis sie keine andere Meinung mehr haben.“ Diese Theorie beweist: Neonazis haben keine eigene Meinung. Aber womit bequatschen sie denn einen? *„Gruppenzwang und Angst ausgeschlossen zu werden.“* Setzten, sechs. Die Frage

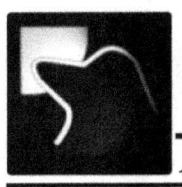
lautete nicht, „Warum rauchen Jugendliche?" oder „Warum tinken Jugendliche Alkohol". Aber es ist nun mal eine Antwort, die auf alles passt. „Warum sind Jugendliche bei der Antifa?".

„Wenn die Eltern solche Ansichten haben, übernehmen das die Kinder auch und wachsen so auf!"

Hiernach wäre ich heute ein Roter. Aber die Eltern sind an allem Schuld. Daher laufen so viele Mörder und Vergewaltiger heute frei herum.

„Ich denke, dass viele nicht über das Thema Bescheid wissen und sich nur einer Gruppe anschließen wollen."

Ist klar. Ohne ein Minnimum an wissen wird man in eine Kameradschaft aufgenommen. Oder, als Frau, man wird Friseurin.

Was könntest du gegen Fremdenfeindlichkeit in deiner näheren Umgebung tun?

„Demos mit Freunden starten!"

Das stelle ich mir gerade in Nürnberg bildlich vor. Eine Demo gegen Fremdenfeindlichkeit in Gostenhof. Und die Anwohner werden Euch dort bespucken und von der Straße jagen. Wer Gostenhof kennt weiß, dass dort zu 95% Ausländer wohnen und die mögen Euch nicht...

„Selbst tolerant sein und andere dazu auffordern!"

Ja, das könntest Du tun. Aber was ist Toleranz? Die Duldung einer Überfremdung oder seine Freunde zum Döner einzuaden?

„An solchen Projekten, wie diesem hier teilnehmen um die Menschen aufzuklären."

Jepp, auch ich bin jetzt voll aufgeklärt. Ich mach mir jetzt eine Hochsteckfrisur. Fehlen mir nur noch die Haare dazu.

Kennst du aktuelle Ereignisse im Bezug auf Rechtsextremismus?

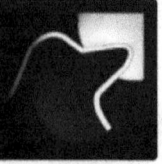

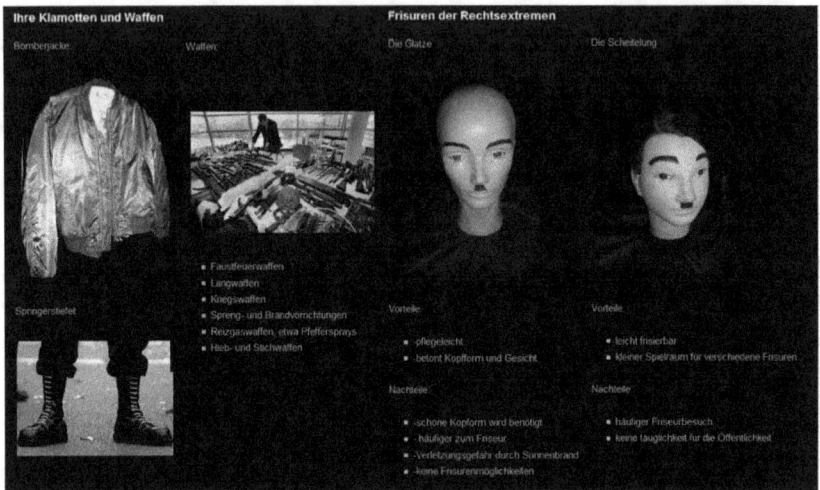

Bildschirmfotos der Seite http://www.denktag.de/diewelt/

„Alle Befragten gaben an, dass ihnen die Döner-Morde bzw. Bosporus- Morde bekannt sind."
Ja, die alles erklärende abschließende Frage. Alle Gesprächspartner haben überhaupt keine Ahnung, wovon sie reden. Nur „NSU" wurde aufgeschnappt, aber man hat ja für alles die Lösung.

Auf die Rubrik „Rechtsextreme im 3. Reich" gehe ich jetzt nicht näher ein, da dieser Artikel geklaut wurde.Das zeigt hochachtungsvoll, wie sehr sich diese Schüler mit dem Thema auseinandergesetzt haben. Schade, wenn man vom Lehrer eine Aufgabe bekommt, zu der man keine Lust hat.
Ich gehe davon aus, dass jede einzelene Schülerin für dieses Projekt eine glatte Eins bekommen hat. Ein Staat, der solche Schüler hat, braucht keine Feinde mehr.

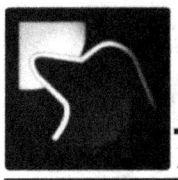

MAULWURFENINFO

Sprengstoff im Kinderzimmer?

22. Januar 2013

Die Türkische Kulturgemeinde in Österreich hat Sprengstoff gefunden.

Im Dezember kaufte eine Frau für ihren Neffen einen Bausatz mit Anleitung. Darin enthalten waren unter anderem Raketen, Kanonen, Gewehre und Laserpistolen. Der Vater beschwerte sich bei der türkischen Kulturgemeinde in Wien, diese stufte diesen Fall als sehr bedenklich ein. Es sei Sprengstoff für Kinder – pädagogischer Sprengstoff. Grund genug für eine Anzeige wegen Verhetzung bzw. Volksverhetzung in der Türkei, BRD und Österreich. Es handelte sich bei dem Spielzeugbausatz um "Jabbas Palace" von LEGO.

Er sei dem Original von Star Wars so realistisch wie möglich nachgebaut, so Katharina Sasse von LEGO Deutschland. Ein Nachbau? Dies meint auch die Türkische Kulturgemeinde.

Das fertig aufgebaute Gebäude sähe aus wie „ein 1:1-Abklatsch der Hagia Sophia in Istanbul oder der Moschee Jami al-Kabir in Beirut und eines Minaretts." Dadurch sei die Figur im Turm ein Vorbeter. Unmöglich, dass sich dann noch Maschinengewehre im Turm befinden. Das würde ja bedeuten, dass Moslems Terroristen sein könnten. „Der Terrorist Jabba der Hutte liebt es, Wasserpfeife zu rauchen und seine Opfer töten zu lassen. Es ist offensichtlich, dass für die Figur des hässlichen Bösewichts Jabba und die ganze Szenerie rassistische Vorurteile und gemeine Unterstellungen gegenüber den Orien-

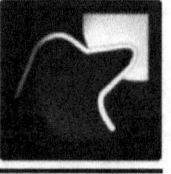

talen und Asiaten als hinterlistige und kriminelle Persönlichkeiten (Sklavenhalter, Anführer von Verbrecherorganisationen, Terroristen, Verbrecher, Mörder, Menschenopferung) bedient wurden."

Dies sei nicht nur gefährdend für ein friedliches Zusammenleben verschiedener Kulturen in Europa, sondern auch rassistisch, Daher werden jetzt in den einzelnen Ländern Anzeigen wegen Volksverhetzung geprüft.

Liebe türkische Eltern, bitte kauft Euren Kindern kein LEGO mehr. Schenkt ihnen lieber etwas sinnvolles, womit sie vielleicht auch etwas lernen können. Zum Beispiel einen Chemiebaukasten.

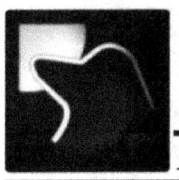

Nazis sprengen Haus

28. Januar 2013

Wie gern haben wir doch – verbotenerweise – als Kind mit Knaller gespielt. Auch landete mal einer im Briefkasten des bösen Nachbarn. Gut, heute als Erwachsene sollten wir dies nicht mehr witzig finden. Jedoch noch humorloser zeigen sich Presse und Polizei in Dessau (Sachsen-Anhalt).

Es explodierten Gegensprechanlage und Briefkasten eines Gebäudes. „ Auch die Fassade des Hauses sei beschädigt worden" so der MDR. Es sei ein Sprengstoffanschlag gewesen. Das klingt, als sei ein ganzes Gebäude in die Luft gejagt worden. Jetzt ermittelt der Statsschutz, denn es handelte sich bei diesem Gebäude um ein „alternatives Jugendzentrum". Wir alle wissen, was diese Umschreibung bedeutet. Daher wird auch ein politisches Motiv nicht ausgeschlossen und die Täter werden in nationalen Kreisen gesucht.

Beamte hätten auch Reste des Sprengstoffes gefunden, kein C4 oder TNT: simples Feuerwerk. Es handelt sich um Knallerei mit Polenböller, wie sie in den letzten Tagen schon öfter vorkam. Dass schon Hubschrauber aus Wiesbaden unterwegs sind, wurde bisher nicht bestätigt.

Reichsflugscheibe entdeckt?

29. Januar 2013

Vor wenigen Wochen wurde im Parteibüro der Ex-SED in Weimar eingebrochen. Die Spurensicherung sicherte ihren Aufgaben entsprechend Spuren.

Dabei kommen manchmal Dinge zum Vorschein, die nicht für möglich gehalten werden. So sind auch schon mal Originalaufnahmen von Elvis gefunden worden.
Denke ich mir mal so.

Auch in diesem Büro wurde etwas mit nicht weniger geringem Seltenheitswert gefunden.Eine DVD, die im November vorletzten Jahres eingegangen sein soll. Sie war schon völlig verstaubt. Die Mitarbeiter des Büros wussten einfach nicht, was sie für einen wertvollen Schatz besitzen:eine original CD mit einem Bekennervideo des NSU.

Für Verschwörungstheoretiker wäre eine DVD mit Originalaufnahmen von Elvis auf dem Mond auch nicht glaubhaft. Aber über Geschmack lässt sich bekanntlich streiten.

Ex-SED Fraktionsvorsitzender Bodo Ramelow hofft nun, dass auf der DVD Fingerabdrücke gefunden werden. Sollten welche darauf sein. Denn es könnte ja sein, dass die DVD durch die Explosion in der NSU-WG direkt in das Büro geschleudert wurde.

In diesem Fall würde es sich um eine der lang gesuchten Reichsflugscheiben handeln.

MAULWURFENINFO

Merkels Teppich fliegt

29. Januar 2013

Jahrelang hängt ein Teppich an der Wand des Kanzleramtes. Soll vorkommen, denn es handelt sich um einen Wandteppich. Ob Frau Merkel ihn mochte, weiß man nicht. Kaum jemand schenkte diesem Bedeutung. Bis gestern. Da tauchte dieser Teppich im Spiegel – der Zeitschrift – auf. Das machte Frau Merkel böse.

Jetzt soll der Teppich fliegen. Natürlich nicht aufgrund seiner orientalischen Herkunft. Nichts und niemand fliegt aufgrund seiner orientalischen Herkunft in der BRD irgenwo raus, schon gar nicht aus dem Kanzleramt. Wäre ja Diskriminierung. Der Teppich gehörte Reichsmarschall Hermann Göring. So etwas darf sich natürlich nicht im Kanzleramt aufhalten. Wo kämen wir denn dahin, wenn sich dort deutsches Kulturgut befindet.

Bis Ende der Woche soll das Schmuckstück das Gebäude verlassen. Einige Privatpersonen haben schon politisches Asyl angeboten.

… aber ohne Hermann

29. Januar 2013

Im saarländischem Völklingen streitet man seit Jahren über den Namen eines Stadtteils. Nicht, weil dieser keinen hätte, sondern weil der bestehende einigen Gutmenschen nicht passt.

Ein Ehrenbürger dieser Stadt, ein Großindustrieller dessen Familie über Jahrhunderte ein Stahlwerk in diesem Ort betrieb, stellte 1937 eine Landfläche für die Besiedelung durch seine Arbeiter zur Verfügung. Sie erhielten günstige Kredite für Landerwerb und Bebauung. Der Mäzen erhielt hierfür die Ehrenbürgerschaft von Völkingen. Im Jahr 1956 wurde dieser neue Stadtteil nach ihm benannt: Hermann-Röchling-Höhe.

Ein Fernsehbeitrag aus dem Jahr 2000 brachte die Erben Oskar Lafontaines in SPD und Ex-SED darauf, dass dieser Name nicht politisch korrekt sei. Seither ist die ganze Stadt gespalten.

Während des zweiten Weltkrieges beschäftigte Röchling Arbeitsose. Was heute bei HartzIV-Empfängern als "Wiedereingliederungsmaßnahme" bezeichnet wird, heißt für die Zeit von vor 1945 Zwangsarbeit. In der Welt der Gutmenschen ist dies nichts Gutes. Zudem soll er auch, wie fast jeder damals, Mitglied der NSDAP gewesen sein. Diese Gründe haben damals ausgereicht, um ihn als Kriegsverbrecher zu verurteilen. Daher dürfe der Stadtteil nicht so heißen.

Die Extremen wollen den Namen „Bouser Höhe", benannt nach dem Nachbarort, an den dieser Stadtteil grenzt. So

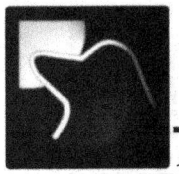
hieß er schon vor der Umbenennung. SPD und Ex-SED wäre auch der Name „Völklinger Höhe" noch angemessen genug. Die Alteingesessenen wollen dies aber nicht. Sie sind der Meinung der Krieg sei so lange her und er habe auch viel Gutes getan, also solle man es bei dem Namen belassen.

Nach über einem Jahrzehnt Streit wurde Ende letzten Jahres ein Kompromiss gefunden: man solle den Ort einfach in „Röchling-Höhe" ohne Hermann umbenennen. Die SPD könnte damit gut leben. Röchling ohne Hermann wäre tragbar, ist wie Krieg ohne Tote. Die Bürgerinitiative „Bouser Höhe" empfindet dies als totalen Schwachsinn. Daher gab es auch schon neue Demonstrationen und Mahnwachen. Es sei ihnen nicht distanzierend genug, denn es heiße ja dann nicht:

„Röchling-Höhe, aber ohne Hermann".

So wie man diese Genossen kennt, würde selbst der Name nicht ausreichen. Es würden sich andere zu Wort melden. Dann käme etwas heraus wie: „ Röchling-Höhe, aber ohne Hermann unter Berücksichtigung seiner Verbrechen während des Nationalsozialismus und im Gedenken an die ArbeiterInnen seiner dem Großkapital verschriebenen Fabriken mit besonderer Geltungmachung des Tierschutzes....". Loriot lässt grüßen.

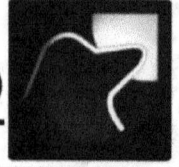
Unsparsame Sparkasse

31. Januar 2013

Wie auch anderenorts muss die Ostsächsische Sparkasse für den NPD Kreisverband Dresden ein Konto einrichten.

Sie ließen es auf ein kostspieliges Gerichtsverfahren ankommen, obwohl in solchen Fällen schon 30 Urteile zugunsten der NPD gefällt wurden. So geht man dort mit dem Geld seiner Kunden um. Was macht man dann aber mit den 120€ Kontoführungsgebühren, die man jährlich von der NPD einnimmt? Diese werden an den Ausländerrat Dresden und die Aktion Zivilcourage in Pirna gespendet.

Eine großzügige Aktion. Wird natürlich vom Ausländerbeirat gelobt. Aber was geschieht mit den Gebühren der Vereine und Parteien, die antideutsch und linksextremistisch gerichtet sind? Werden diese an deutsche Heimat- und Kulturvereine gespendet? Wohl kaum.

Auch was mit den Kontoführungsgebühren der AGL II-Empfänger passiert ist nicht so ganz klar. Werden die bei den Vorstandssitzungen versoffen, damit man auf sol-che Schnapsideen kommt? Dann hätten eventuell die Flaschensammler etwas davon.

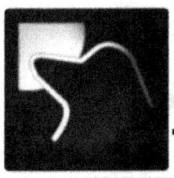
Ausgerechnet die Piraten

7. Februar 2013

Wer sich ein wenig mit der Piratenpartei beschäftigt, der stößt manchmal schon an seine sprachlichen Grenzen.

Auf den Netzseiten ist dort schon in der Navigation von Wiki, Piratenblog, Fraktionsblog, Vorstandsblog, Pshop und Liquid Feedback (!) die Rede. Im Parteiprogramm tauchen oft Begriffe wie „Whistleblower" und „DMR" ohne weitere Erklärung auf.

Wenn man den offiziellen Twitterkonten der Piratenpartei folgt, braucht man schon fast ein Wörterbuch. Noch unverständlicher sind die einzelnen Mitglieder. Man möchte sich gar nicht vorstellen, was man an Parteitagen der Piraten für ein Durcheinander verschiedener Sprachen hört.

Ausgerechnet diese Partei stellt heute einen Antrag auf „Leichte" Sprache im Schleswig-Holsteinischen Landtag:

„Mehr Leichte Sprache in Schleswig-Holstein

Der Landtag wolle beschliessen:

Der Schleswig-Holsteinische Landtag will mehr Leichte Sprache.

Mehr Gesetze und Informationen, besonders für Menschen mit Lernbehinderung, sollen in Leichter Sprache sein.

Der Landtag will, dass Leichte Sprache ein Recht wird.

Begründung:

Alle Menschen haben ein Recht auf Information.

Alle Menschen sollen viel verstehen können.

Alle Menschen sollen das, was sie selbst betrifft, verstehen.

Leichte Sprache ist wichtig für Menschen mit Lernschwierigkeiten.

Leichte Sprache ist gut für Menschen, die nicht gut lesen können.

Leichte Sprache ist gut für Menschen, die nicht gut Deutsch können.

Leichte Sprache verstehen alle Menschen. "

Unklar ist, was die Piraten unter deutscher Sprache verstehen. Unklar ist, was für die Piraten Leichte Sprache ist. Klar ist, dass die Spache der Piraten nicht leicht ist, wenn nicht sogar undeutsch.

Deutsch ist eben keine Leichte Sprache. Aber auch diese kann man leicht beherrschen – wenn man nur will.

Klare Forderungen der Piratenpartei

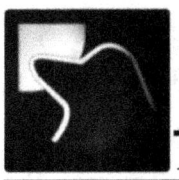

Meier, Schmidt, Schulze – ein Skandal!

16. Februar 2013

Wer im Jahre 1988 geboren wurde oder in diesem Jahr seinen 18. oder 28. Gebutstag feiert, sollte seine Freunde auf eine gewisse Auswahl an Geschenke hinweisen, die politisch überhaupt nicht korrekt ist.

Gerade Aufschriften von Fußballhemden sind mit manchen Zahlenkombinationen oder gar Namen ungern gesehen. Dies fand der MDR in einer geheimen Studie heraus.

Nach bekanntwerden einer MDR-Studie ist es skandalös, dass immer noch Hemden mit dem Aufdruck „Endlich 18″ im Handel erhältlich sind. Schlimmer ist es, dass man sich solche Aufdrucke problemlos anfertigen lassen kann. Insbesondere auf Fußballhemden.

Anscheinend verbergen sich hinter den Zahlen 14, 18, 28 und 88 Zahlenkombinationen, die nur wenige Eingeweihte kennen. Schon Jürgen Klinsmann soll mit so einer Kombination aufgefallen sein.

Noch sei nicht alles entschlüsselt, aber Experten sind auf dem besten Wege. Selbst bei den Namensaufdrucken muss man hier genau prüfen. So sind die Namen Meier Schmidt und Schulze auf dem Rücken absolut nicht zu dulden. Diese waren Funktionäre in der NSDAP (siehe Wikipedia). So wie viele andere auch. Wer erinnert sich nicht an Fritz Sauckel und Reinhard Heydrich? Ein Skandal, dass manche Menschen diese Persönlichkeiten nicht kennen!

Dieser Mangel an Allgemeinwissen fehlt auch bei den Fußballvereinen. Dies fand

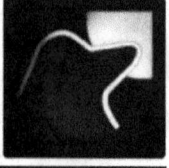
nun das MDR- Nachrich-
tenmagazin „Exakt" heraus.

Die Redakteure gaben bei
einigen Anhängerläden von
Fußballvereinen Hemden mit
Rückendruck in Auftrag. An-
standslos wurden sogar Hemden mit der Rückennummer
88 ausgeliefert. Nur wenige
eingeweihte Neonazis wissen
jedoch, dass die 88 grundsätzlich nicht für den
Geburtsjahrgang eines poten-
ziellen Käufers steht.

Durch vertrauliche Informatio-
nenen erfuhr das MDR
Magazin, dass die 8 für den
achten Buchstaben im Alpha-
bet steht, also für das H. Eine
88 wäre dann ein HH. Dies
steht nicht für Hansestadt
Ham-burg, genauso wenig
wie SH für Schleswig
Holstein, NS für Niedersachsen oder SA für Sachsen
Anhalt. Nein, liebe Leser, es
steht in sogenannten „Neo-

nazikreisen" für „Heil Hitler".
Das hat der MDR ganz allein
in Zusammenarbeit mit seinen Experten herausgefun-
den!

Wie solche Hemden, oder
auch soche mit den Namen
Fritz Sauckel und Reinhard
Heydrich, herausgegeben
werden konnten, ist den Vereinen ein Rätsel. Meist wird
die Schuld bei externen Fir-
men, wahrscheinlich in Tai-
wan oder Polen, gesucht.
Einige Vereine werden jetzt
versuchen die Mitarbeiter „in
Bezug auf nationalsozialis-

MAULWURFENINFO

tische Symboliken zu sensibilieren".

Man arbeite nun an einem technischen Verfahren, das künftig Trikotbestellungen mit rechtsextremistischen oder diskrimnierenden Botschaften ausschließen würde, heißt es von Seiten des für seine multikulturelle Mann-schaft bekannten DFB, der auch durch den Test fiel. Dann ist Schluss mit Auf-drucken wie „Schmidt", "Mei-er" oder gar Zahlen wie der 14 als Rückennummer. R. Adler geht natürlich auch nicht mehr. Überhaupt überlegt sich der DFB, ob er in Zukunft noch mit weißen Trikots auf-laufen wird. Passt auch nicht mehr wirklich zu den Spielern.

- Werbung -

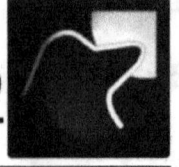
Gitarrenfund bei Hausdurchsuchung

18. Februar 2013

" In einem Staat, wo Polizei mit Gummiknüppeln gegen singende, junge Leute vorgehen, ist etwas nicht in Ordnung."
(Andreas Baader)

Die Demokratie hat wieder zugeschlagen. Seit heute Morgen kommt es im sächsischen Döbeln und Umgebung zu zahlreichen Hausdurchsuchungen. Grund hierfür sind ein Verbot des Innenministeriums der Vereinigung „Nationale Sozialisten Döbeln" und in diesem Zusammenhang auch der Musikgruppe „Inkubation" sowie von pinselstriche.org.

Eine jahrelange Ermittlung ging dem Verbot voraus. „Die Döbelner Polizei hat Propaganda-Delikte zusammengetragen und der Verfassungsschutz berichtete ja schon 2011 über die Gruppe" lautet die Begründung des Vebotes. Mitglieder sollen sogar an Demonstrationen teilgenommen haben, dies sei natürlich ein Verstoß gegen die „verfassungsmäßige Ordnung".

Neben zahlreichen Gegenständen soll auch eine Gitarre beschlagnahmt worden sein. Sie diente den Aktivisten anscheinend als Waffe in der Ausübung ihrer Meinungsfreiheit.

Gerüchten zufolge sollen in der Stiefelstadt als nächstes auch Stiefel verboten werden.

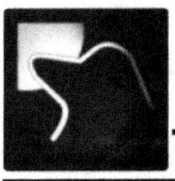
Coburg: Straßenaufreißen gegen Rechts

28. März 2013

Alle Parteien sind gesetzlich verpflichtet, Parteitage ab- zuhalten. Nur wird nicht jede Partei hofiert oder löst Freudenschreie bei Gastrono- men aus, wenn sie sich irgendwo mit 400 Personen anmeldet. So hat die NPD regelmäßig Probleme, Räum- lichkeiten für ihre Parteitage zu finden.

Also wollte man den diesjäh- rigen Bundesparteitag auf einem zur Verfügung ge- stell.ten Privatgrundstück im Landkreis Coburg abhalten. Kein Mensch und kein Recht könne die NPD davon abhal- ten, dachte man.

Denkste. Kurzfristig kam der Landkreis auf die Idee, dass die Zufahrtsstraße dorthin auf- gerissen werden müsse. Ge- nau zu der Zeit des Partei- tages. Dies würde die Anfahrt

mehr als erschweren und verkehrsrechtliche Vorgaben für die Veranstaltung könnten kaum eingehalten werden.

Coburgs Landrat Michael Busch (SPD) hat auch keine Lust, seine spontanen Pläne zu ändern. Es sei denn er würde von einem Gericht da- zu gezwungen werden. Gut, dann zieht die NPD mal wie- der vor Gericht. Genug Erfahrung hat man ja damit.

Zur Stunde diskutiert ein demokratisches Bündnis aus Kiche und Politik darüber, wie sie gegen den gesetzlich vor- geschriebenen Bundespartei- tag der NPD weiter vorgehen könnten.

Es ist ein Kreuz mit dieser "Demokratie".

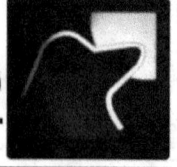
Sprengstoff

13. April 2013

"Lübeck: Sprengstoffanschlag auf Wohnhaus verübt."
So würde die Schlagzeile lauten, wäre dies eine rote Seite. Sprengstoff ist es, ein hochbrisanter, aber aus anderer Sicht.

In der Nacht zum Freitag um 3.14 Uhr weckte ein lauter Knall die Bewohner eines Mietshauses. Noch vor dem Öffnen der Augen war klar: Antifa. Normalerweise heißt es dann die Waffen in die Hand und aus der Tür gerannt. Nur dieses Mal hat sich die Antifa einen besonderen, fast schon bewundernswerten Spaß ausgedacht: sie stapelten ihresgleichen in gelb – vollgemüllte Säcke – vor der Eingangstür. Noch ist unklar, ob diese gelben Säcke oder der darauf folgende Lachkrampf die Verfolgung der Täter erschwerte.

Der Knall, der die Anwohner aufschrecken ließ, war jedoch nicht jener der Rotfrontler, sie verübten einen "Sprengstoffanschlag". Nach Antifasitte sprengten sie mit einem Polenböller den Briefkasten des Hauses. Wahrscheinlich aus Wut darüber, dass sie ihn diesmal nicht einfach von der Wand abreissen konnten.

Witzig ist es aber nicht wirklich. Die Detonation war so stark, dass durch die Brief-

#12 | Neonazis haben Namen und Adressen!

Posted on 2013/04/26 by yourself

Im Rahmen der DIY-Kampagne veröffentlichen wir eine Zusammenfassung aller Kandidat_innen, welche für die NPD und dessen Wählervereinigungen sich zur Kommunalwahl am 26. Mai 2013 haben aufstellen lassen. Die Auflistung der Kandidat_innen in den jeweiligen Kreisen oder Städten, erfolgt Wahlkreis absteigend.

Continue reading →

Feuer für Christoph Busch

Just do it again!

Christoph Busch ist einer der jüngsten Mitglieder des NPD Kreisverbandes Lübeck-Ostholstein. Für die Landtagswahl 2012 ließ Busch sich als NPD-Kandidat für den Wahlkreis Plön-Nord / Malente aufstellen, allerdings konnte er nicht antreten, da ihm die benötigten Unterstützungsunterschriften fehlten.

Neben seinem Engagement in der NPD hält er regen Kontakt zur Kameradschaftsszene in Schleswig-Holstein, wie beispielsweise dem „Aktionsbündnis Lübeck-Stormarn" und der „Identitas Nord". Letztere ist aus der ehemaligen Aktionsgruppe Eutin (AG5) entstanden.

seine aktive Mitgliedschaft in der NPD und den Kontakten zu der örtlichen [Kamera]dschaftsszene ist Christoph Busch ein Bindeglied, welches Nachwuchs aus dem [Kameradschaftss]pektrum für die NPD-Parteiarbeit anwirbt.

Nur ein kleiner Auszug von der Seite der Verantwortlichen. Die Täter sind bekannt, angeblich können sie nicht ermittelt werden.

kastenklappe die gegenüberliegende Wand stark in Mitleidenschaft gezogen wurde. Im Gegensatz zu dem, was in Lübeck durch ein kriminelles Netzwerk der Antifa abgeht, ist dies jedoch noch eine Lapalie.

Erst wenige Tage zuvor wurde am Stadtrand von Lübeck, in Sereetz, eine Hauswand beschmiert und ein Müllbehälter angezündet, wobei man in Kauf nahm, dass die Flammen auch auf die umliegenden Gebäude überschlagen könnten. Aber auch dies ist nur ein Einzelfall von vielen.

Man stelle sich vor, ein Nationalist würde irgendwo eine Wunderkerze in einen Briefkasten werfen, man stelle sich vor, Nationalisten würden eine Gruppierung bilden…
Wie schnell käme es dort zu Hausdurchsuchungen?

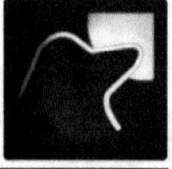

(K)Ein Tag wie jeder andere

19. April 2013

Der 20. April. Jedes Jahr kein Tag wie jeder andere. So ist es ein Skandal, dass die NPD ausgerechnet an diesem Datum den Bundesparteitag abhält. Warum, dass weiß jeder Bundesbürger. Oder etwa nicht?

Nein, die Presse muss erst aufklären. So schreibt die Frankfurter Rundschau in größt möglichen Buchstaben: "NPD trifft sich zu Hitlers Geburtstag", Spiegel Online titelt gar mit einer "Abrechnung an Hitlers Geburtstag."

Es sollte ein Aufschrei geben, so etwas kann und darf nicht sein. Anderenorts ist man besser auf Zack. Die Polizei rüstet gegen Grillfeiern. Es gab schon mehrere Aufrufe, jede Art von Feiern am morgigen Sonnabend zu melden. So zitieren die zionistischen PI-News* den Tübinger Polizeichef Jörg Krauss:

Die rechte Szene im Landkreis Tübingen ist klein, aber es gibt sie: 34 Personen, die eindeutig „dem rechten Spektrum zuzuordnen sind", kennt die Polizei, sagt Polizeisprecher Josef Hönes. Es ist auch bekannt, wo die Rechten normalerweise feiern. Genau diese „einschlägigen" Orte wird die Polizei am kommenden Samstag aufsuchen. Denn an diesem Tag feiern Nazis gerne den Geburtstag Adolf Hitlers. „Wir werden dafür sorgen, dass sie nicht ungestört feiern können", verspricht Krauss. Dabei soll auch die Bevölkerung helfen.

Es wurden auch schon Liederabende und Konzerte für

den morgigen Sonnabend verboten, nur aufgrund des Datums. Auch Geburtstagsfeiern werden mit kritischem Auge betrachtet. Macht man einfach nicht.

Aufgrund solcher denunzion... äh...denunziatorischen Aufrufe haben sich die Nazis für nächstes Jahr etwas ganz besonderes einfallen lassen.
In genau 365 Tagen werden im ganzen Land die ganze Nacht hindurch die Feuer brennen. Am 20. April 2014 wird es im ganzen Land

Feiern, Familien- und Grillfeste geben. Am 20. April 2014 werden im ganzen Land die Kirchenglocken läuten und sogar der Papst wird von seinem Balkon aus diesen Tag segnen, als hätte Eintracht Braunschweig die Deutsche Meisterschaft gewonnen!

Warum ist man nicht schon früher auf die Idee gekommen, sich mit der christlichen Kirche zu verbünden? Der 20. April 2014 ist Ostersonntag.Geschickt eingefädelt.

Die geheimen Netzwerke der BILD...

Veröffentlicht: 29. April 2015 | Autor: maulwurfen | Abgelegt unter: Allgemein | Modify: Bearbeiten |Comments Off

Erst kürzlich schrieb ich darüber, dass die BILD die Ungeheuerlichkeit des Tatmusters der NSU berichtet. Mit einer Deutschlandkarte erklärte das Blatt, warum wo etwas passiert ist. Nun deckt sie plötzlich das geheime Netzwerk der Neonazis auf:

Die Übergriffe von Ausländerfeinden, Rassisten, Antisemiten und Rechtsextremen nehmen in Deutschland zu.
BILD erklärt, warum rechtsextreme Geheim-Netzwerke dabei eine immer größere Rolle spielen und zeigt in einer Deutschland-Karte, wo die rechte Gewalt zu Hause ist.

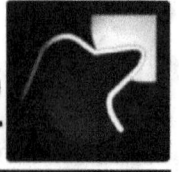
Ein Kreuz mit den Türken...

7. Mai 2013

Der so genannte NSU-Prozeß ist eines der meist gesichertsten Gerichtsverfahren der letzten Zeit.

Der türkische Parlamentsabgeordnete Mahmut Tanal fühlt sich trotzdem bedroht. Von einem Kreuz, das dort so an der Wand hängt. Und nicht nur er wäre bedroht dadurch. Kreuz sei eine Bedrohung für alle Nichtchristen, das christliche Symbol sei nicht mit einem Rechtsstaat zu vereinbaren. Es soll abgehängt werden. Sagt der gläubige Moslem. Dass Vampire bei dem Anblick eines Kreuzes zu Staub zerfallen, ist nichts neues, aber Türken?

Nunja, ich möchte nicht dazu auffordern, Tanal stattdessen hinzuhängen. Das wäre strafbar. Aber es spricht kaum etwas dagegen ihn anstatt das Kreuz künftig aus dem Gerichtssaal zu entfernen.

Was kommt als nächstes, nach der Sitzplatzauslosung, nach den Sonderrechten für die Türken? Gebetspausen? Verschleierungszwang für alle Frauen im Gerichtssaal? Türkische Richter?

Warten wir es ab, denn bis zur Auslosung der Urteile vergeht ja noch einige Zeit...

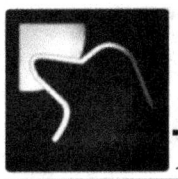

Zschäpe durch Stuhlgang überführt?

12. Mai 2013

Wenn man keine Beweise hat, helfen Zeugen. Wenn es die nicht gibt, erfindet man welche. Oder man lässte sich erfinden, nur um einmal im Rapenlicht zu stehen. So wie aktuell im „NSU Prozess".

Plötzlich nach zwölf Jahren erinnert sich die Inhaberin eines iranischen Lebensmittelladens, dass Beate Zschäpe ein bis zwei Monate vor dem Anschlag auf den Laden in diesem dringend auf Toilette musste. Anscheinend, um denselben auszuspionieren.

Die herbeigezauberte Zeugin habe die Ähnlichkeit zu Zschäpe erst jetzt auf Bildern erkannt.

Seit eineinhab Jahren kann man nun schon die Bilder von Beate Zschäpe in der Presse bewundern. Auch in der ausländischen. Doch erst jetzt, wo man kaum noch weiß, warum sie überhaupt angeklagt ist, wird sie von neuen Zeugen beim damals geplanten Stuhlgang ertappt.

Laut Ermittlern lässt sich dieser Vorwurf nach so langer Zeit nicht mehr beweisen. Stuhlproben lägen bisher auch noch nicht vor. Wer würde jedoch an der Glaubwürdigkeit eines Belastungszeugen in diesem Prozess zweifeln?

Nach dem Erscheinen dieser Pressemeldung sollen sich bereits weitere Zeugen gemeldet haben, die Zschäpe 1980 auf dem Münchener Oktoberfest gesehen haben. Aber dies ist bisher nur Spekuation.

"Späße mit den Neonazis aus Lübeck"

16. Mai 2013

Auch in diesem Jahr fand anlässlich des Tages der Besatzung ein Ehrendienst in Lübeck statt. Eine Geden.kstätte Gefallener wurde gereinigt, Blumen gepflanzt. Es war kein Tag wie jeder andere.

Die Nationalisten aus Lübeck suchten sich dieses Jahr eine abgeschiedene Gedenkstätte für den Ehrendienst aus. Im dörflichen Ortsteil Israelsdorf säuberten und bepflanzten die Aktivisten eine Gedenkstätte.

In den vergangenen Jahren kam es nach den Aktionen zum 8.Mai grundsätzlich zu Verwüstung und Zerstörung der der Gedenkstätten. Blumen wurden herausgerissen, alte Gedenktafeln umgeschmissen, Ehrenmale mit Farbe beschmiert.

Dieses Jahr sollte es anders sein. Die Antifa zeigte endlich einmal etwas Respekt und Kreativität.

Behutsam gruben sie die gepflanzten Studendenblumen aus. Sie sollten der nötigen Verschönerung des versifften alternativen Zentrums, in Lübeck, besser bekannt als „Walli", dienen. Ein wahrer Lichtblick in diesem Müllhaufen.

Der lübecker NPD-Vorsitzende Jörn Lemke hierzu:

"Finde ich ganz witzig. Die Haben sich wenigstens Mühe gemacht und haben die "Nazi-Blumen" ausgebuddelt und neu eingepflanzt. Hoffe, die pflegen ihren neuen "Garten" besser als den Rest der Walli.

Vieleicht bauen die aus dem

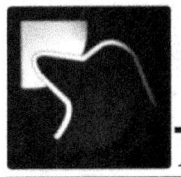
Blech der unzähligen gesam-
melten "Maulwurf-Briefkästen"
einen Geräteschuppen, um
die Giesskanne für den neuen
Garten unterzustellen."

Bild des Monats

20. August 2013

Der Leser, welcher Maulwurfen dieses Bild zuschickte,
stand zunächst mehrere Mi-
nuten grübelnd vor der Wand,
bis er sich vor Lachen nicht
mehr halten konnte.

„Was will uns die Antifa damit
sagen? Haben die ein Dro-
genproblem, Koordinations-
schwierigkeiten oder wussten
die einfach nicht, wie man das

fehlende Wort schreibt und
haben es deshalb einfach
weggelassen? Oder dient es
gar, um im nationalen Lager
Verwirrung zu stiften?"

Nein, lieber Leser. „Wir
machen Euch!" ist absolut
richtig, es gehört so. Die
Antifa ist es, die Nazis macht,
denn die Antifa bestimmt, wer
Nazi ist ;)

Usedom: Plakate gefunden

21. August 2013

Der Liedermacher "Thors Rache" hat auf der Insel Usedom
etwa 50 linke Plakate auf dem
Boden gefunden.

Usedom "Nazis einen Vogel
zeigen" – dieser Spruch auf
linken Plakaten rüttelt den
Liedermacher Thors Rache
auf. "Es ist nicht hinnehmbar,
dass Minderheiten verunglim-
pft werden", sagt er. In den
Plakaten erkennt er umwelt-
verschmutzenden Charakter
und hat sie deshalb Dienstag
aufgesammelt und unbeschä-
digt mit Ortsbeschriftung säu-
berlich sortiert an einer gelben
Tonne in Karlshagen abge-
stellt.

*„Der Schutz der Natur hat auf
unserer Insel Vorrang", betont
Thors Rache „Umweltschutz
ist Heimatschutz und Pom-
mern bleibt braun!*

*Es ist die Pflicht eines jeden
Bürgers, aktiv gegen solche
Schweinereien vorzugehen
und sich schützend vor die
angegriffenen Natur zu stellen. Die linken suggerieren,
man müsse die Plakate nur
schlecht befestigen, nach
einem Windstoß auf dem
Boden liegend werden sie
dann nicht abgerissen. Das ist
schlicht gelogen."*

Es sei eine typische und
zugleich perfide Taktik der
Linken, Probleme unserer Gesellschaft der Natur anzu-
lasten und so den Unmut der
Menschen auf sie zu lenken,
erklärte Thors Rache. Dabei
fehle es am realen Bezug.

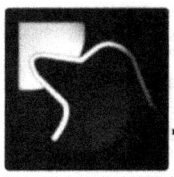
Die Grünen und Maschinengewehre gegen Homophobie

13. Februar 2014

Ja ja, die Grünen.
Pädophilie muss mit allen Mitteln unterstützt und verteidigt werden, notfalls auch vorm NSU-Ausschuss. Denkt sich auch ein SPD- Mitglied in Niedersachsen. Daher stieg ihm letztens auch ein Polizeiaufgebot aufs Dach. Das gefällt auch den Grünen nicht, so fordern sie laut NDR jetzt auch, dass der Polizei die Maschinenpistolen abgenommen werden. Sie könnten ja aus den Einsatzautos geklaut werden. Die Bundeswehr hat ja inzwischen mit so etwas genug Erfahrung.

Der wahre Grund ist jedoch, dass sich die Grünen auf einen Kampf vorbereiten. Da darf natürlich die staatliche Obhut keine Waffen haben, denn die Grünen werfen in der Regel nur mit Wattebäuschchen.

Der Kampf richtet sich gegen eine sogenannte „Homophobie"… Hierbei handelt es sich nicht um die Angst vor Menschen im Allgemeinen, sondern vor Schwulen, Lesben und Transen. Also Mutationen.

Menschen, die Angst vor solchen Mutationen haben, sollen bekämpft werden. Aber nicht mit Gewehren sondern mit einer Aufklärung in der Schule. So sollen unsere Kinder künftig lernen, dass Familien mit Vater, Mutter und Kind asozial sind und ein Kind zu Transen, Schwulen und Lesben gehört.

Bei den Lesben ist jedoch die Frage noch nicht geklärt, wer künftig das Essen für das Kind macht. Die Frauen sollen ja weg vom Herd.

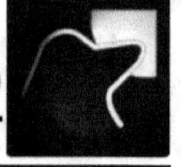
Deswegen gehen die Frauen morgen auch in Lübeck auf die Straße, damit sie nicht vor den Herd müssen. Weil sie Angst vor Maschinengewehren haben, wollen sie nur auf der Straße tanzen.

Genau genommen geht es gegen Gewalt gegenüber Frauen. Sorgsam betrachtet werden dort jedoch eher burschikose Lesben mehr-heitlich erscheinen, die nichts gegen Gewalt gegen Männer haben. Und Grüne werden bestimmt auch erscheinen, die nichts gegen Kinder haben. Und natürlich ruft auch die Antifa Lübeck zu diesem Termin auf, die bekanntlich überhaupt kein Problem mit Gewalt haben.

Außer mit Maschinenpistolen der Polizei.

Lübeck: Lüttke will Geld für Sex

16. Februar 2014

Vorbei die Zeiten, als die Linken noch kostenlosen Sex für Harz IV- Empfänger forderten. Zumindest in Lübeck.

Aufgrund der erfolgreichen Bettensteuer,was auch immer in diesen getrieben wird, fordert Ragnar Lüttke, Frak-tionsvorsitzende der Ex-SED in Lübeck, jetzt eine Sexsteuer.

Frustation? Nein, denn im Gegensatz zum typischen _Innen Geschwafel wird diese Forderung nur gegen weibliche Prostituierte laut.

In „ Bordellen,FKK- und Swingerclubs sowie Privatwohnungen und Kraftfahrzeuge, in denen sexuelle Handlungen gegen Entgelt angeboten werden" solle laut Lüttkes

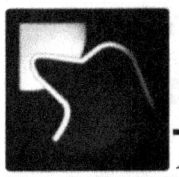
Aussage auf HL-Live jede „Prostituierte dort sechs Euro pro Arbeitstag zahlen."

Von männlichen Nutten ist hier nicht die Rede. Das Mitglied der Linkspartei wird wissen warum. Dumm nur, dass er sich ausgerechnet Köln als Beispiel heraussuchte.

Na ja. Egal. Wundert mich nur, dass die Ex-SED Prostituierte versteuern will. Sind diese nicht mehr Volkseigentum?

Grüne werben mit Reichsflugscheibe.

10. April 2014

Wie die NPD Lörrach-Waldshut heute berichtete, werben die Grünen dort mit Reichsflugscheiben.

Auf Werbebannern, die von den Grünen Männchen zum Wahlkampf aufgehängt wurden, ist eindeutig eine Reichsflugscheibe zu erkennen, die eine Basis in Neuschwabenland verlässt (siehe Bild). Dies ist ein Beweis dafür, dass sich die Grünen verschwörungstheoretisch von der Realität entfernen.

So kann man auch keine Wahl gewinnen   .

Krümelmonster festgenommen

27. März 2014

Bei Kindern ist es geliebt, bei Eltern oftmals nicht, als böser Bube wird es angesehen. So auch beim Staatsschutz. Deswegen ordnete nach seiner Festnahme am Mittwoch auch die Staatsanwaltschaft bei ihm Hausdurchsuchungen an, bei denen keine Kekse gefunden wurden.

Es soll sich auf Schulhöfen herumgetrieben haben. Und anstatt den Kindern ihre Frühstückskekse zu klauen hat es sich als zwei Nationalisten verkleidet und den unschuldigen Schulkindern Flugblätter in die Hand gedrückt.

So oder ähnlich sieht es die Staatsanwaltschaft.

Bei der Hausdurchsuchung beim Krümelmonster wurden keine Kekse beschlagnahmt, lediglich Rechner und Datenträger. Die sind kriminell.

Laut Systemmedien wurde das Krümelmonster schon öfter von Nationalisten missbraucht. Davon, dass das Krümelmonster die Nationalisten missbraucht und sich als solche verkleidet, ist jedoch keine Rede.

Ist es tatsächlich in einer Demokratie mit freier Meinungsäußerung ein Verbrechen, Flugblätter zu verteilen?

Freiheit für Krümelmonster, dem Abschiebär und viele andere!

 Retweetet von Systembruch

Jusos Mainz-Bingen @JusosMzBi · 3 Std.
Okay. Nazis sind eh scheiße. Aber das Krümelmonster zu instrumentalisieren geht eindeutig zu weit! Schämt euch! fb.me/2UTczeMwT
Öffnen   ← Antworten ⟲ Retweetet ★ Favorisieren ••• Mehr

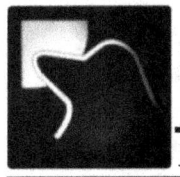

Jahrelanger Rassismus bei Apple

3. April 2014

Was das Unternehmen Apple fabrizierte, sprengt die Grenzen des Rassismus. So sah sich der Konzern etlichen Vorwürfen ausgesetzt und wird zukünftig handeln.

arbeite, die Bildchen zu erneuern. Hierzu arbeite man laut Apple eng mit einer Organisation, die seit den 1980er Jahren die Standards für "Smileys" festsetzt."

So schreibt Radio Hamburg:

„Der Software-Riese „Apple" reagiert nun auf die Rassismus-Kritik. Die Apple-Sprecherin Katie Cotton erklärte dem Musiksender MTV, dass man die Notwendigkeit sehen würde, dass die Emoji-Charaktere vielfältiger werden müssten und dass man daran

Wirklich unerträglich, dass die von Apple bereitgestellten "Smileys" in E-Mails, SMS- und WhatsApp-Nachrichten lediglich Personen europäischer Herkunft abbildeten.

Ein nicht hinzunehmender Zustand, der dringend korrigiert werden muss. Deutsche, kauft nicht bei Apple.

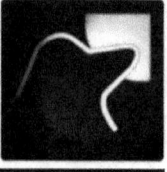
Overath unter dem Hakenkreuz. Augenscheinlich.

3. April 2014

Eine Ausstellung in Overath bekam am vergangenen Sonntag völlig überraschend Besuch. Etwa fünfzehn Personen sollen die Räume gleichzeitig getreten haben – öh – betreten haben, augenscheinlich waren sie sogar zum Ausstellungsbesuch verabredet.

Dies beunruhigte den Ausstellungsmacher.

Die Besucher waren unheimlich. Sogleich rief er nicht nur die Polizei, er forderte auch die restlichen verbliebenen Ausstellungsbesucher dazu auf, ihn zu unterstützen.

Die herbeigeeilte Polizei dachte sich nur: „Oha" und entfernte sich wieder. Mutige Ausstellungsbesucher konnten den gesamten Spuk jedoch in Bild und Ton festhalten.

Die meisten anderen haben die Ausstellung fluchtartig verlassen.

Bomberjacken bei NS-Ausstellung

ERSTELLT 31.03.2014

Mutmaßliche Rechtsextremisten haben die Dokumentation über die Nazi-Herrschaft in Overath gestört. Etwa 15 Personen in Bomberjacken und mit kahlrasierten Köpfen begehrten Einlass und hielten sich im Kulturbahnhof und davor auf. Von Malte

Eine Stunde Angst und bangen. Dann verließ diese Gruppe die Ausstellung, nachdem sie sich alles angesehen hat. Sie zogen in Richtung Bahnhof, wo bereits weitere Personen mit „Jacken", wie es im Zeitungsbericht heißt, warteten.

Der Staatsschutz wurde eingeschaltet, denn die gesamte Besuchergruppe trug Glatzen, Bomberjacken und Springerstiefel. Die Ausstellung heißt „Overath unter dem Hakenkreuz".

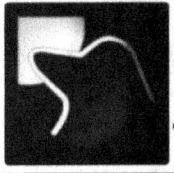

Ja, liebe Leser, das war also das Archiv aus 5 Jahren MaulwurfenInfo bis 2015. Und ich habe nicht zu viel versprochen, als ich sagte, dies hätte man noch täglich heute in der Zeitung lesen können, wenn es drin gestanden hätte.

Es hat sich seit dem nicht viel verändert. Im Gegenteil, es wird immer verrückter. Somit bin ich froh, dass ich noch der einzige halbwegs Normale bin. Manchmal zumindest, denn ich glaube schon, dass man ein wenig, oder ein wenig mehr verrückt sein muss, um diese BRD noch zu ertragen.

An dieser Stelle möchte ich auch mal etwas Werbung machen :)

Auf preussischer-anzeiger.de gibt es jetzt eine neue Maulwurfen Kolumne, zudem viele Berichte von mir. In der gedruckten Mai-Ausgabe des Preussischen Anzeigers gibt es sogar 11 (In Worten: elf) gedruckte Maulwurfenseiten plus einen Artikel, den Ihr hier nicht finden werdet. Gut, einen Artikel vom Maulwurfen, den man sonst wo nicht findet, gab es auch in der Ausgabe davor, doch die sollte sowieso schon jeder im Regal stehen haben.

Und wenn ihr unkommentierte, tagesktuelle Nachrichten bekommen möchtet, seht einfach auf der von mir betriebenen Seite npa-nnn.de rein, und Ausführliches ist auf demokratur.eu zu finden...

Aber jetzt möchte ich nicht weiter beim Lesen stören.

Und denkt daran, ich bin nicht Charlie:

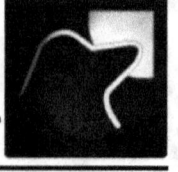
Zugespielt: Das Gründungsprotokoll des "Antifa e.V."

13. Februar 2015

Die rote Tageszeitung (taz) schrieb bereits gestern, wie schusselig die Mitglieder des Vereines Antifa e.V. sind (siehe unten). Heute wurde dem Maulwurfen ein hochbrisantes Dokument zugespielt: Das Gründungsprotokoll des Antifa e.V. (auf der folgenden Seite)!

Es handelt sich zwar nicht um das gesamte Protokoll, jedoch um die wichtige erste Seite mit offiziellen Briefkopf und Namen der Vorstände.
Deutlich darauf zu erkennen, wer dort seine Finger mit im Spiel hat.

Die taz berichtete weiter, dass der Arbeitskreis der Vorsitzenden berichtete, dass ein Vorstandsmitglied von Antifa e.V. ein Speichermedium mit unterschiedlichen Daten verloren hätte.

Im Organisationsschreiben ist eindeutig zu erkennen, dass zum 9. Februar 48 Busse mit bezahlten Handlangern des Systems Dresden und Leipzig ansteuern sollten. Neben einer Vergütung erhielten alle Teilnehmer Freibier und Vermummungsmaterial.

Unter dem verlorenen Material soll sich auch der Schriftverkehr zwischen Antifa e.V. und der Polizei befinden. Hiernach forderte die Antifa ein Verbot von PEGIDA und LEGIDA, weil es im Januar und Februar zu kalt für Gegenproteste sei.
Auch das Strukturpapier der Antifa befand sich auf dem verlorenen Medium. Hier ist eindeutig zu entnehmen, dass es sich bei der Antifa nicht um ein strukturloses Gebilde handelt, sondern ein ausgeklügeltes System beinhaltet.

Innenministerium
des Bundes

Innenministerium des Bundes

Alt-Moabit 101D
10559 Berlin

Berlin, 01.April 2014

Protokoll der Gründungsversammlung des Vereins „Antifa e.V."

Am 01.04.2014 fanden sich die in der Anwesenheitsliste aufgeführten 18 Personen ein,
um über die Gründung des Vereins „Antifa e.V." zu beschließen. Von den aufgeführten
Personen besitzen alle das Stimmrecht. Die Anwesenheitsliste ist wesentlicher
Bestandteil dieses Protokolls.

Herr Flasterstein eröffnete die Versammlung. Er begrüßte die Erschienenen und
erläuterte den Zweck der Sitzung. Herr Flasterstein, erklärte sich bereit, die
Versammlungsleitung zu übernehmen und bat Frau Ierwerfer das Protokoll zu führen.
Beide wurden von der Versammlung einstimmig durch Zuruf gewählt. Der
Versammlungsleiter schlug folgende Tagesordnung vor:

1. Erläuterung der Satzung und Abstimmung darüber
2. Wahl einer Wahlleitung
3. Wahl der Vorstandsfunktionen und der Kassenprüfer
4. Abstimmung über die Beitragsordnung
5. Beschlüsse über Organisationsfragen
6. Verschiedenes.

Die Tagesordnung wurde einstimmig angenommen.

zu 1.
Durch den Versammlungsleiter wurde die Satzung, die den Anwesenden im Entwurf
bereits bekannt war, erläutert. Änderungs- und Ergänzungsvorschläge der
Versammlungsteilnehmer wurden eingearbeitet.
Die Endfassung der Satzung, die wesentlicher Bestandteil dieses Protokolls ist, wurde
einstimmig beschlossen.
Es wird festgestellt, dass der Verein „Antifa e.V." gegründet wurde.

zu 2.
Als Wahlleiter wurde Herr Lockade und seine beiden Beisitzerinnen Frau Emen und Frau
Urchbruch einstimmig bestätigt. Herr/Frau (Wahlleiter) bat um Vorschläge für die
einzelnen Vorstandsfunktionen. Die Vorgeschlagenen erklärten ihre Bereitschaft zur Wahl.

zu 3.
Vorstandswahl / Wahl Kassenprüfer

		Ja	Nein	Enth.
Vorsitzender	Herr Flasterstein	18	0	0
Stellvertreterin	Frau Laschenschmeisserin	17	0	1
Kassenwart	Herr Eige	17	0	1

Das Strukturpapier

Der Vorstand von Antifa e.V. übernahm gestern Abend die gesamte Verantwortung für den Verlust des Speichermediums. Die Veröffentlichung hätte einen „unermesslichen Schaden für die Bewegung" angerichtet. Aus diesem Grunde trat der Vorsitzende P.Flasterstein von seinem Amt zurück.

Der weitaus größere Skandal bleibt jedoch das von mir erstell... äh... mir zugespielte Gründungsprotokoll von Antifa e.V.

Laut Gerüchten befindet sich die gesamte Bundesregierung aufgrund der Veröffentlichung in einer Krisensitzung. Ein geschlossener Rücktritt scheint nicht ausgeschlossen. Der Bundespräsident zeigte inzwischen schon Betroffenheit.

Nachtrag: Es ist wahr, dass die Antifa sowohl staatlich als auch stattlich gefördert wird. Und es ist wahr, dass es Mietdemonstranten gibt. Aber glaubt Ihr ernsthaft alles, was die taz schreibt? Glaubt ihr ernsthaft, dass die taz Genossen anschwärzen würde? Glaubt Ihr ernsthaft jeden Sch...?
Bitte lest Euch vorher mal durch was Ihr teilt und nicht nur die Überschrift. Und denkt darüber nach, was Ihr lest. Diese Täuschung ist eine gezielte Aktion der Antifa, um sämtliche Gerüchte Tatsachen über Bezahlung und staatliche Abhängigkeit früher oder später als unglaubwürdig darzustellen.

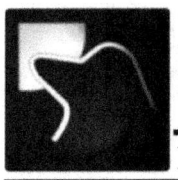

Linke Essen empört: Weiße Masken und politische
Botschaften beim Karneval   19. Februar 2015

Dass die Karnevalsgesell-schaften den Rosenmontag missbrauchen, um politische Meinungen, bevorzugt auf Themenwagen, in die Öffent-lichkeit tragen, ist allgemein bekannt. Die Linke Essen hat damit Probleme und sieht Gespens-ter.

Angeblich sollen "Neonazis " im Karnevalszug mitgelaufen und haben "Heil Hitler" geruf-en. Die Polizei soll dies mitbekommen haben, jedoch hätte sie nur Platzverweise ausgesprochen. Eine völlig unübliche Vorgehensweise, die diese Sache in ein merkwürdiges Licht rückt.

Die Linke Esesn ist ausser sich vor Empörung. „Derartige Provokationen müssten in Zukunft strikt unterbunden werden. Es ginge nicht an, dass Neonazis den Karneval

für ihre Zwecke missbrauch-ten und die Öffentlichkeit an ihr Auftreten gewöhnten", er-klärt die Sprecherin des Kreis-verbandes in einer Pressemit-teilung, „Auch im letzten Jahr tauchten plötzlich weißmas-kierte und schwarz gekleidete Gestalten auf dem Zug auf, die der Neonazi-Szene zuzu-rechnen waren."

Diese Aktion der Jugendli-chen sei ein Signal, dass anti-faschistisches Engagement nach wie vor bitter nötig sei. Egal, ob es die weitverbreitete Diskriminierung von Muslimi-ninen und Muslimen oder die Relativierung des National-sozialismus und Antisemi-tismus sei.

Hört sich fast an, als sei der Geldtopf im Kampf gegen Rechts leer. Da muss man eben erfinderisch sein…

Sabotage? Rosa Uniformen für Estland

28. Februar 2015

Handelt es sich um Sabotage oder hat die BRD Verteidigungsministerin Ursula von der Leyen ihre Finger im Spiel?

Neben mehrerer Kampfwagen der Gattung "Stryker" brachte die US Armee den Streitkräften Estlands als Geschenk zehntausende Uniformteile mit. Leider seien alle komplett rosa eingefärbt, berichtet nordbayern.de.*

General John Piskavrot, Stabschef der US Army in Bayern, spricht von einem Sabotageakt, welcher genau untersucht werden soll. Anlass dieser Großzügigkeit war der Unabhängigkeitstag Lettlands Anfang der Woche. An der Militärparade in Narva, nur durch einen Fluss von Russland getrennt, nahmen 500 US Soldaten teil und führten oben genannte Panzer vor. Nicht nur Kritiker sehen diesen Aufmarsch sowie aktuelle Nato-Manöver im Baltikum als Provokation Russlands.

*Gerüchte, wonach die US Soldaten die Parade mit dem Christopher Streetday verwechselten, wurden nicht bestä-tigt. Ebenso die Annahme, dass die Kleiderkammer versehentlich die neuen Uniformen der Bundeswehr herausgab.

Jedoch ist die Verteidigungsministerin mit Vorsicht zu genieße. Zur Tagegesbetreuung der Rekruten wurden bereits Kindergärten eingerichtet.
Laut unbestätigten Meldungen soll sich die Grundausbildung künftig mehr mit dem Stricken und Tanzen des Namens befassen.

Antifa bedoht Schule: Diskussion abgesagt

11. April 2015

Bargteheide. Die Linksextremen gehen mal wieder gegen die in ihren Augen rechtsextreme, NPD-nahe AfD vor [nun könnte ich diesen Artikel schließen, denn das waren schon zwei Lacher in einem Satz].

Das Kopernikus Gymnasium in Bargteheide (Schleswig-Holstein) plante eine Diskussionsrunde über Flüchtlingspolitik. Aufgrund von Bedrohungen mit Boykott und Störungen durch die Antifa und sonstigen, allen voran Juso-Kreisvorsitzender Lukas Zeidler, sagte die Schule die Veranstaltung ab. Es hätte massive Bedrohungen per E-Post gegeben, die teilnehmenden Schüler wollte man nicht einer Gefahr aussetzten. Der Grund ist die Teilnahme eines Mitgliedes der Alternative für Deutschland (AfD), die vom Antifaorgan als rechtsextrem, ausländerfeindlich und rassistisch eingestuft wird.

Die AfD stehe der NPD nahe [was mit Sicherheit nicht auf Gegenseitigkeit beruht], dies könne laut Gegnern „insbesondere den Flüchtlingen nicht zugemutet werden, die in Bargteheide Schutz gesucht haben und die eigentlich mitdiskutieren wollten," so das Stormarner Tageblatt.

Vier Asylanten wollten zur Diskussion kommen, ein Syrer und drei Eritreer. Und sie wollten sogar "Dip" mitbringen, sagte Bargteheides Gleichstellungsbeauftragte Gabriele Abel. Darauf müssen die Schüler jetzt "leider" verzichten. Diese sind enttäuscht. „Ich komme aus dem Osten Deutschlands und weiß, was es heißt, wenn

Meinungen unterdrückt werden," so Abel.

Die Vorbereitung habe viel Zeit in Anspruch genommen und die Schüler hätten sich einer Diskussion gewachsen gefühlt.

Auch der AfDler zeigt sich nicht zufrieden: „Ich bin enttäuscht über so viel Hass und Unverständnis.
Zur Demokratie gehört die Auseinandersetzung über unterschiedliche Meinungen. Ich finde es sehr enttäuschend, dass die Schulleitung vor demokratiefeindlichen Protesten eingeknickt ist."

Bei dem Rassisten der AfD handelt es sich um den Beisitzer im Kieler Landesvorstand Achille Demagbo. Beschreibungen wie Neger, Schwarzer, Dunkelhäutiger oder Farbiger darf man ja nicht äußern und möchte ich an dieser Stelle auch nicht. Der nicht weiße Mann mit der Rastafrisur stammt jedenfalls aus dem westafrikanischen Benin.

Krümelmonster festgenommen

27. März 2014

Ich weiß nicht, ob man in seinem Leben jemals in Zürich gewesen sein muss. Wenn, dann sollte man als Gutmensch mit Auto, Bus oder Bahn anreisen. Zu meiden ist auf jeden Fall der Flughafen.

Dort hängen Bilder zur Begrüßung. Oder zum Abschied. Jedenfalls ist dort ans sogenannte „Piktogramm" zu erkennen, wie eine Frau ein Flugzeug grüßt, oder auch die Sonne. Letzteres erkennt ein ge-

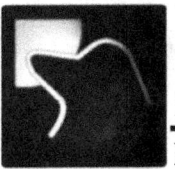
Gruss-Schild am Flughafen sorgt für Aufregung

Fliegt in Zürich jetzt die HitlAir?

ZÜRICH - Ein Besucher sieht auf einem Hinweisschild am Flughafen Zürich den Hitlergruss und löst damit eine Diskussion über Sinn und Unsinn der Schilder aus.

wisser Ronnie in diesen Schildern, die im Flughafen-gebäude überall hängen. Sonja Zöchling, die Flugha-fen-sprecherin, kann diese Ansicht nachvollziehen, dies hänge jedoch davon ab, was für einen geschichtlichen Hintergrund man hat.

Diese Schilder hängen dort allerdings nicht seit 80 Jah-ren, sondern erst seit dreißig. Und noch nie hat sich darüber jemand beschwert. Der Ronnie will als so genannter Leserreporter jedoch eine Diskussion zu diesem Thema eröffnen. Es sei zu klären, ob dieses Schild harmlos ist.

Manchmal ist es doch eher zu klären, ob leserreporternde Gutmenschen harmlos sind. Manchmal möchte man sie nur in den nächsten Flieger setzen und hinterherwinken.

[Das Fliegerhemd mit dem besagten Motiv ist übrigens bei Romowe erhältlich. Mehr dazu auf der letzten Seite :)]

70 Fragen zum Rechtsextremismus

Teil 1 vom 13. Januar 2010

"Das Buch gegen Nazis" von ZEIT-Autor Toralf Staud und Holger Kulick von mut-gegen-rechte-gewalt.de beantwortet 70 (teilweise blöde) Fragen zum Thema Rechtsextremismus und Gegenstrategien, selbstverständlich auf eine merkwürdige Art und Weise. Wir werden hier die Antworten richtig stellen.

1.„ Was ist Rechtsextremismus?"
Eigentlich eine Erfindung der Medien, Politik und Gutmenschen. Belassen wir es hier aber bei diesem Ausdruck. Gemeint ist das Einsetzen für unser Volk.

2.„ ... und wie weit ist er verbreitet?"
In den Köpfen der meisten Deutschen. Meist irgendwo in einer hinteren Ecke. Die meisten verstecken ihn in der Öffentlichkeit, viele holen ihn oft am Stammtisch heraus.

3.„ Warum eigentlich ist Demokratie besser?"
Weiß ich nicht, habe ich in der BRD noch nicht kennengelernt. Abgesehen davon : besser als was?

4.„Was ist Rechtspopulismpus?"
Wenn die Systemparteien CDU/CSU, SPD, FDP, Grüne, Linke und andere nationale Themen aufgreifen und als ihre eigenen ausgeben. Auch unter den Gewerkschaften, hauptsächlich beim DGB, stark verbreitet.

5.„Wo beginnt Rassismus?"
In den USA. Ein gesunder „Rechter" ist in der Regel kein
Rassist, sondern für die Vielfalt der Völker, aber zu Hause.

6.„Was ist Antisemitismus?"
Als Semiten werden Völker bezeichnet, die eine semitische
Sprache sprechen, z. B. Araber, Israelis und Malteser. Dann
werden die anderen wohl Antisemiten sein [Im Gegensatz zum
allgemeinem Glauben bedeutet "Anti" ursprünglich "nicht"].
Man nennt auch Kritiker des Staates Israel oder seiner
Regierung so.

7.„Woran erkennt man Rechtsextremisten?"
An dem gepflegtem Äußerem, gutem Benehmen, guter Aus-
sprache, Hilfsbereitschaft...

8.„Ist "Thor Steinar" eine Nazimarke?"
Genau so sehr wie Adidas.

9.„Wo spielt rechts außen die Musik?"
Im Fußball meist über das Mittelfeld, in der Musik sind es meist
die Bässe. Ansonsten dort, wo der Daumen links ist, je nach
Betrachtungsweise.

10.„ Sind alle Skinheads rechtsextrem?"
Sind alle Rechtsextremen Skinheads?

11.„Was machen die Nazis im "Weltnetz"?"
Bügeln, kochen, Wäsche waschen... Wie jeder Andere auch.

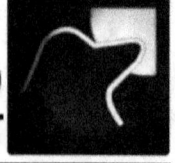
12.„Was will die NPD eigentlich?"
Nur das Gute für das deutsche Volk, im Gegensatz zu den Systemparteien.

13.„ Welches Menschenbild hat die NPD?"
Im Gegensatz zu den anderen Parteien in den Parlamenten setzt sie sich für die Rechte aller Menschen ein, insbesondere wenn es um Heimat geht.

14.„Sollte die NPD verboten werden?"
Man sollte eher überlegen, ob CDU/CSU, SPD, FDP, Grüne und Linke verboten werden sollten, denn sind es nicht diese, die in den Parlamenten verfassungswidrig handeln?

15.„Wie machen sich die Nazis in der Gesellschaft breit?"
Meist auf dem Sofa, auf einem Sessel oder einem Stuhl.

16.„Warum engagiert sich die NPD in der Kommunalpolitik? "
Weil der NPD die Sorgen der Bürger am Herzen liegen, im Gegensatz zu den anderen Parteien.

17.„Was tun eigentlich die demokratischen Parteien gegen Rechtsextremismus?"
Am Rad drehen und gegen Grundrechte verstoßen. Ne, ernsthaft: warum sollten die demokratischen Parteien etwas gegen sich selbst tun?

18.„Was sind Neonazi-"Kameradschaften" und "Autonome Nationalisten"?"

Gruppen von Menschen wie Du und ich.

19.„*Wie gut sind die Kontakte von Rechtsextremisten ins Ausland?*"
Rechte sind kommunikativ und gute Gastgeber.

20.„*Wer ist die "Neue Rechte"?*"
Laut Gerüchten Eva Herman.

21.„*Ist die "Junge Freiheit" ein rechtsextremistisches Blatt?*"
Genauso rechtsextrem wie der jetzige Papst.

22.„*Wie rechts sind Burschenschaften?*"
Eine Burschenschaft kann nicht rechts sein, höchstens die Mitglieder.

23.„*Gibt es bei den Neonazis auch Frauen?*"
Nein, alle Rechten sind schwul und adoptieren ihre Kinder.

24.„*Was ist Patriotismus?*"
Ein Phänomen, das in Deutschland hauptsächlich bei großen, internationalen Sportwettkämpfen auftritt.

25.„*Wo ist eigentlich die "Ostküste"?*"
Von Süden her gesehen auf der Landfläche rechts. Meistens am Wasser. Komischer Weise vom Wasser aus gesehen auch rechts, 'tschuldigung – auf Steuerbord, aber nur, wenn man in Richtung Norden fährt...grübel.

26. *„Warum hassen Rechtsextremisten die USA?"*
Die rechten lieben dieses Land! Sie hätten es lieber heute als morgen.

27. *„Weshalb ist Rudolf Hess ein Held der Rechtsextremisten?"*
Weil es damals noch keine „Superstars" gab.

28. *„Wie lügen die Leugner des Holocaust?"*
Wenn ein Leugner bewusst lügt, spricht er dann aufgrund einer doppelten Verneinung nicht Wahrheit?

29. *„War unter Adolf alles schlecht?"*
Nein, im Gegenteil, seine Sitzmöbel waren meist von hoher Qualität.

30. *„Was ist verkehrt daran, wenn die NPD "mehr Gemeinschaft" fordert?"*
Dass die Systemparteien und Gutmenschen sich damit nicht abfinden können.

31. *„Wird die rechtsextreme Gewalt immer mehr?"*
Das kommt darauf an, wie viel gemanichelt wird und was die Medien sich so ausdenken.

32. *„Warum scheint es, als brächten die vielen Projekte so wenig? "*
Weil die Leute anfangen zu denken.

33. *„Ist der Rechtsextremismus im Osten anders? "*

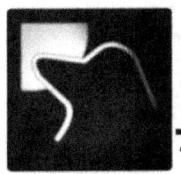
In Polen z.B. ist er verbreiteter und auch extremer. Selbst in der Politik ist er stark verankert. Wie bei fast allen Völkern der Erde, nicht nur im Osten.

34.„Soll man mit der Antifa zusammenarbeiten?"
Es spricht nichts dagegen sie auszuhorchen, um an Informationen zu gelangen.

35.„Darf man über Nazis lachen?   "
Nazis können auch schon mal über sich selbst lachen, lächerlich sind allerdings die Gutmenschen und die Antifa.

36.„Was kann wirklich jeder gegen Rechtsextremismus tun?"
Frage nicht, was Du gegen rechts tun kannst. Frage, was Du für rechts tun kannst!

37.„Ich döse am Strand, ein Trupp Jungnazis kommt. Wie kann ich reagieren?"
Versuche, mit ihnen ins Gespräch zu kommen. Meistens ergeben sich dadurch neue, nette Bekanntschaften und eine schöne Strandfeier.

38.„ Wie gründe ich eine Initiative und mache auf sie aufmerksam?"
Die besten Ansprechpartner hierfür sind die örtlichen Kameradschaften. Sie sind meist sehr hilfsbereit.

39.„Und woher bekommt man Geld?"
Wie wäre es mit arbeiten?

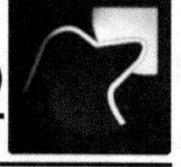
40.„Wie kann sich ein kleines Dorf gegen Neonazis wehren? "
Abgesehen davon, dass Zaubertrank meist nicht wirkt, ist es gar nicht notwendig. Wehren muss man sich nur, wenn man angegriffen wird. Das wird hier also nicht der Fall sein. Ladet sie einfach zum nächsten Dorffest ein!

Teil 2 vom 13. Januar 2015

Der originale zweite Teil ist leider nicht mehr auffindbar. Zum Jubiläum habe ich ihn rekonstruiert. Teilweise hatte ich die Antworten noch im Kopf, aber auch die restlichen Antworten sollten weiterhelfen.

41. „Wie organisiere ich kreative Demonstrationen?"
Man sollte sich mit zwei weiteren Freunden ein Clownskostüm überwerfen und Luftblasen machen. War noch nie da.

42. „Sind Sitzblockaden eigentlich strafbar?"
Nö. Sitzblockaden der Antifa sind auf stark befahrenen Auto-bahnen sogar sehr erwünscht.

43. „Darf man Hakenkreuze übermalen?"
Ja, wenn die Farbe langsam verblasst, sollte man es neu nach-malen.

44. „Wie verhindere ich bei Veranstaltungen rechtsextremist-ische Störversuche?"
Das ist schwierig. Die Praxis hat gezeigt, dass die Roten ihren sachlichen Argumenten nichts entgegenzusetzen haben. Daher am besten die Klappe halten und freundlich nicken.

45. „Soll man mit Nazis reden? Und wie kann ich das lernen?"
Das Reden lernt man schon in frühen Kindheitsjahren. In der
Regel. Daher sollte man als Antifa gar nicht erst versuchen, in
späten Jahren damit anzufangen.

46. „Hilfe, meine beste Freundin hat NPD gewählt!"
Das ist ein Problem. Wir wissen, dass Wahlen heute nicht mehr
viel bringen. Allerdings werden die Stimmen der Systemparteien
prozentual höher, je mehr Nichtwähler es gibt. Daher am Besten
diesem Beispiel folgen.

47. „Was tun, wenn Rechtsextreme sich in "meinem" Inter-
netforum breitmachen?"
Einfach mal eine schöne Feier veranstalten und diese zum
besseren Kennenlernen auf ein Bier einladen   .

48 „Wie sollten Journalisten über Rechtsextremismus berichten?
Vielleicht gar nicht?"
Wie sie berichten ist egal. Die lügen eh nur.

49. „Soll man Nazis aus dem Sportverein werfen?"
Nö, warum? Die sind meist sportlicher als die Antifanten auf der
Ersatzbank.

50. „Ist Fußball unpolitisch?"
Ich habe mal mit einem Fußball geredet. Der hat sich sehr
unpolitisch geäußert. Was sich jedoch in der Bundesliga, der
UEFA und der FIFA abspielt ist höchst politisch, da dort nur
wirtschaftliche Interessen vertreten werden.

51. *„Was sollen Sozialarbeiter tun, wenn in ihrem Jugendclub Nazi-Musik auftaucht?"*
Lauter drehen.

52. *„Wie organisiere ich ein Konzert gegen Rechts?"*
Warum sollte man dagegen ein Konzert organisieren? Man sollte eher deren Konzerte unterstützen, die können es wenigstens. Wenn es aber unbedingt sein muss, dann in der Mitte der Ostsee mit Zementschuhen für alle Besucher.

53. *„In meiner Klasse haben Nazis Oberwasser – was kann ich tun?"*
Das ist selten, dass nicht die Kinder mit Migrationshintergrund in der Überzahl sind. Einfach freuen und versuchen, eigene Vorschläge für Aktionen mit einzubringen.

54. *„Was ist die richtige Reaktion auf die "Schulhof-CD" der NPD?"*
In größerer Stückzahl bestellen und an alle Freunde verteilen.

55. *„Wie soll man mit Kindern über Nazis reden?"*
Man sollte ehrlich sein und nicht versuchen sie einzuschüchtern. Denn Nazis sind nicht wie der Weihnachtsmann, die tun auch unartigen Kindern nichts.

56. *„Hilfe, mein Kind ist in einer rechtsextremen Clique gelandet!"*
Da kann man nicht viel tun. Du bist definitiv zu alt und dumm, um dich noch einer „Clique" anzuschließen.

57. „Wo gibt es Hilfe für Rechtsextremisten, die aussteigen wollen?"
Beim Busfahrer, Zugbegleiter oder der Bahnhofsmission.

58. „Wie reagiere ich auf mögliche Bedrohungen durch Rechtsextreme?"
Mit einem herzhaften Lachen, denn wir wissen alle, dass die nur Spaß machen, wenn sie drohen. Hinterher bekommt man meist sogar ein Bier ausgegeben.

59. „Was tun bei einem rechtsextremen Angriff?"
Die Brille putzen. Dann sieht man, von wem die Gewalt wirklich ausging.

60. „Wo gibt es Hilfe für Opfer rechter Gewalt?"
Gewalt ist nie rechtens. Höchstens Notwehr oder Nothilfe. Sollte man es anders wahrnehmen, einfach mal den Arzt oder Apotheker fragen. Oder den Psychater.

61. „Wie reagiere ich, wenn ein Kollege rassistische Witze macht?"
Herzhaft lachen. Trauen sich heute nicht mehr viele.

62. „Was können die Kirchen gegen Rechtsextremismus unternehmen?"
Kirchen sollten unpolitisch sein. Wenn diese es anders sehen, sollen sie einfach das Licht ausknipsen. Von innen. Für immer.

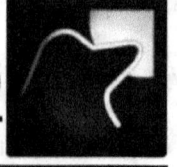
63. *„Was tun gegen Nazis an der Uni?"*
Sie bewundern. Denn die haben an der Uni besseres zu tun als Du mit deinem Putzjob.

64. *„Im Gemeinderat sitzt neuerdings die NPD – wie können Lokalpolitiker reagieren?"*
Das Gespräch suchen und Vorschläge annehmen. Dann können die noch was lernen.

65. *„Wie verhindert man, dass Rechtsextremisten Immobilien erwerben?"*
Wie es gewisse Bevölkerungsgruppen und „alternative Wohnprojekte" bereits tun. Die Immobilien einfach verwahrlosen lassen.

66. *„Was ist schlimm daran, wenn in meiner Stadt ein rechter Klamottenladen eröffnet?"*
Meist die Lage. Sie befinden sich oft am Stadtrand und sind schwer erreichbar.

67. *„Hilfe, mein Nachbar ist ein Neonazi!"*
Oha. Solch gute Nachbarschaft ist heutzutage selten.

68. *„Was tun, wenn Onkel Rolf am Kaffeetisch rassistische Witze loslässt?"*
Ihn darauf hinweisen, dass Du diese bereits von der Arbeit kennst (siehe Frage 61).

69. *„Sonst noch Fragen?"*

Ja, eine steht noch unten.

70. *„Und wie halte ich mich auf dem Laufenden?"*
Stell dich vor eine Gruppe Antifas und brülle: „Alles für Deutschland!" Dann wirst Du laufen müssen. Meist denen hinterher…
Ansonsten gehe ins Sportstudio. Dort gibt es Laufbänder.

Das waren sie nun, die 70 Fragen. Aber man glaubt es nicht, was für blöde Fragen tatsächlich gestellt werden. Allein daraus könnte man schon ein ganzes Buch schreiben (mhhh…).

Man muss sich einfach die Frage stellen, ob die Leser von Netz-Gegen-Nazis wirklich so blöd sind, oder ob wir die ganzen Jahre einer Satireseite aufgesessen sind. Ich denke aber eher ersteres, denn das ist Beispielhaft für das hohe BILDungsnivea* durch die Schulen und insbesondere Medien.

Leider blieb mir auch hier wieder nichts anderes übrig, als die passenden Antworten zu geben.

Hätten die nur gleich die richtigen Leute gefragt..

Gerne beantworte ich aber auch Eure Fragen, schreibt mich nur an über die Seite
maulwurfen.land
oder per E-Post an
redaktion@preussischer-anzeiger.de   :)

Lest jetzt aber erst mal auf den folgenden Seiten bei

"Frag Maulwurfen"...

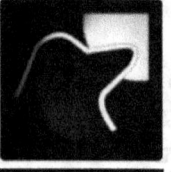
Neonazis wollen meine Veranstaltung stören

Anonyme Frage :
"Wir sind eine Initiative gegen Rechtsextremismus und planen eine Veranstaltung zum Thema. Allerdings haben Neo-nazis in der letzten Zeit in unserer Stadt immer wieder derartige Veranstaltungen gestört. Wie können wir mit der "Wortergreifungsstrategie" umgehen?"

Maulwurf antwortet:
Nun, die Neonazis wollen die Veranstaltung nicht stören, sondern nur mit Euch diskutieren. Als echten Demokraten sollte Euch dies nicht so schwer fallen. Als Gutmenschen sollte es Euch in die Wiege gelegt sein, die besseren Argumente zu haben, wie z.B. "Nazis Raus".
Solltet ihr mit dem hohen Bildungsniveau der Neonazis nicht klar kommen, wartet, bis Ihr zumindest Euren Hauptschulabschluss habt und startet erst dann die Veranstaltung.

Kann man etwas gegen Polizisten unternehmen bzw. hat man eine Chance?

24. Januar 2012

Frage von Frau Uteo:
„Kann man etwas gegen ausländerfeindliche Polizisten unternehmen bzw. hat man eine Chance? Die Situation: Mein Sohn (Deutscher Staatsangehöriger, Muttersprache: Deutsch, Aussehen: arabisch, da Vater Araber, Mutter Deutsche) wurde heute von einem Streifenwagen angehalten, der mit 3 Polizisten besetzt war. Die Beschuldigung: Er wäre nicht angeschnallt gewesen! War er aber doch, seine Freundin saß neben ihm und bezeugte dies. Der Polizist, der meinen 21jährigen Sohn duzte: "Du hast dich eben erst angeschnallt. Kostet

30 Euro Bußgeld!" Mein Sohn weigerte sich zu bezahlen, nun warten wir auf den Strafbefehl. Vermutlich Null Chancen vor Gericht bei 3 Polizisten gene 2 Bürger!?!?"[sic!]

Maulwurf antwortet:
Ein Bußgeld von 30 Euro ist wirklich der Höhepunkt des Rassismus.Das Hauptproblem ist, dass wir in einem Rechtssystem leben. Auch im Straßenverkehr gilt „Rechts vor Links".

Da die Beifahrerin auf der rechten Seite saß, hat sie Ihren Sohn wahrscheinlich gelinkt, weil er der Bevölkerung der BRD angehört, allerdings durch seinen Migrationshintergrund nicht dem Deutschen Volk.

Schlimmer wäre es gewesen, wenn Dieter Bohlen den Wagen angehalten hätte, der duzt sogar die Polizisten.Es ist jedoch ungewöhnlich bis unglaublich, dass die Polizisten zu dritt im Streifenwagen saßen. Hier war wahrscheinlich Gefahr im Verzug, weil die Beifahrerin keinen Migrationshintergrund hatte. Aber seien Sie froh, dass sie keine Bomberjacke trug, dann wäre gleich das SEK zur Stelle gewesen, aufgrund von Bildung einer terroristischen Vereinigung.

Vor einem BRD Gericht werden Sie weniger Aussichten haben, da unwichtige Lapalien zu viele Steuergelder verschwenden, dle für Grlechenland benötigt werden. Wenden Sie sich an den Europäischen Gerichtshof für Menschenrechte. 30 Euro sind ein guter Grund hierfür, denn kein Staat in der EU hat so viel Geld!Sollte dies nicht ausreichen, beantragen Sie am Besten politisches Asyl in Libyen. Aber wir sind froh, dass Sie keine Kinder mit einem deutschen Mann Kinder gezeugt haben...

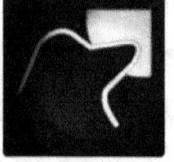
Wie soll ich mich verhalten?

Frage von „winterfeldkarsten":

"Auf einen Leserbrief gegen Neonazis habe ich Drohbriefe erhalten und wurde anschließend mit Propagandamaterial aus diesem Milieu überschüttet. Wie soll ich mich verhalten? An zwei Schulen in unserem Ort, wollte ich über das jeweilige Sekretariat die Bücher "Das Buch gegen Nazis" verschenken und stieß hier auf völliges Unverständnis. Wie soll ich reagieren?"

Antwort vom Maulwurf:
Es ist dumm, einen Leserbrief gegen die von Ihnen so genannten Neonazis, ohne sich jemals mit denen oder deren Ziele auseinandergesetzt zu haben. Daher sollten Sie es nicht gleich als Morddrohung auffassen, wenn Ihnen jemand schreibt, dass sie lesen oder denken lernen sollten. Freuen Sie sich über das Ihnen kostenlos zu gesendete Informationsmaterial. Wenn Sie lesen könnten wüssten Sie, dass es keine Propaganda ist. Lassen Sie sich von den Systemmedien und Antideutschen nicht beeinflussen, lernen Sie denken.

Dass Sie das „Buch gegen Nazis" nicht an Schulen verschenken dürfen liegt daran, dass Schulen im Gegensatz zu den Medien politische Neutralität bewahren müssen. Es ist für jeden kostenlos erhältlich, so dass es für Sie eine aufopferungsvolle Spende gewesen wäre. Zudem ist das Buch doof, denn alle Antworten darin sind völlig falsch. Die richtigen Antworten finden sie auf MaulwurfenInfo im Archiv. Ich spreche aus Erfahrung, denn ich habe dieses Buch bei mir im Regal stehen. Fazit: Erst lesen und denken lernen, dann schreiben.

Wie soll man reagieren?

Frage von "wisebuddha":
"Mit Entsetzen musste ich gestern feststellen, dass am Bahnsteig neben mir ein junger Mann einen Pullover mit der Aufschrift "Auschwitz" trug. Leider war ich wie gelähmt und habe nichts getan. Dass stört mich jetzt extrem. Wie würde eine gute Reaktion aussehen?"

Maulwurf antwortet:
Oh, der Bhudda..   .
Nun, es passiert nicht oft, dass jemand sein Reiseziel auf den Pullover drucken lässt. Anscheinend wusste er nicht, dass der Bahnverkehr dorthin eingestellt wurde. Darauf hätten Sie ihn hinweisen müssen. Wenn Sie zu Hause im Besitz eines Kamins sind, hätten Sie ihn auch zu sich einladen können, damit er sich etwas aufwärmen kann. Sicherlich roch er ein wenig, weswegen Sie gelähmt waren. Das wäre aber kein Problem, denn was man aus schwitzt kann man auch weg duschen.

Mein Nachbar hört "Nazi-Musik"

Frage von ruckelpudding:
"Hallo alle zusammen,in den letzten Wochen ist es Abends des öfteren vorgekommen, dass mein Nachbar von gegenüber in seiner Küche stand, Schatten geboxt hat und dabei unter anderem Musik von Annett Müller* gehört hat.Jetzt ist es so, dass ich gerne eine Anzeige oder so gegen ihn stellen würde, ich mich aber nicht traue. Das hat den Grund, dass der Typ etwa das doppelte von mir auf die Waage bringt, zwei Köpfe größer ist und durch sein Schattenboxen (welches er im Sommer auch auf dem Balkon praktiziert) recht ein-

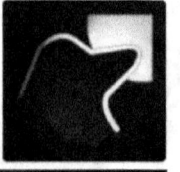
schüchternd auf mich wirkt. Zudem ist das Haus nicht groß und ich habe keine Lust, dass er eines Tages mal vor meiner Wohnung steht "um sich für die Anzeige zu bedanken".

Ich habe schon versucht anonym Kontakt zur örtlichen Polizei aufzunehmen (per e-Mail), aber ich habe weder eine Antwort bekommen, noch hat sich bei meinem Nachbarn was verändert.

Welche Möglichkeiten habe ich noch? Mit meinem Vermieter brauche ich nicht zu reden, das Haus gegenüber gehört ihm nicht.

Die Kontaktdaten von dem anderen Vermieter habe ich nicht.

Danke und Gruß

*Den Namen habe ich durch googlen des gesungenen Liedtextes erfahren."

Maulwurf antwortet:

Es muss Ihnen ja wirklich sehr schlecht gehen wenn Sie stundenlang nach einem Lied von Annett Müller „googlen" um herauszufinden, das dies Nazi-Musik ist. Ich hoffe, Ihr Therapeut hat hierbei geholfen.

Schattenboxen ist wirklich sehr beeindruckend. Mit den normalen Antifa-Methoden werden Sie hier nicht weiter kommen, sie werden keine Chance gegen seinen Schatten haben, selbst dann nicht wenn Sie selbst einen zu haben scheinen.

Über diesen sollten Sie jedoch springen, und ihn anzeigen. Denunzieren Sie ihn bei sämtlichen Behörden, starten Sie eine Outingkampagne, denn es ist wirklich ein Skandal.

Wie kann es angehen, dass ein Nazi sich in seiner Küche aufhält? In seinen eigenen vier Wänden? Er hat dort nichts zu suchen, dass ist Frauensache.

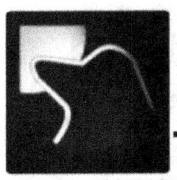
Vater versucht meine Tochter auf die rechte Seite zu ziehen

Frage von chilly:
"hallo leute, ich habe hier mal ein dickes problem. ich bin seit 7 jahren von dem vater meiner tochter getrennt, auch wegen seinen rechtsradikalen ansichten.

als meine tochter 2jahre alt war haben wir uns getrennt. mit 5 jahren hat er sich mal mitgenommen um mpd schilder aufzuhängen, hat ihr auch immer wieder gesagt deutsche mädchen weinen nicht und deutsche mädchen essen keinen kebap.

ich habe ihm damals gesagt wenn er das nicht unterlässt wird er seine tochter erst mal eine weile nicht mehr sehen. der tag x ist jetzt gekommen. vor 3 wochen hat mich eine mutter angerufen, die mir erzählte das unsere tochter ganz schön rechts angehaucht wäre sie wüsste auch das dass nicht von mir kommt sondern von ihrem papa. der ja dafür bekannt ist in unserem dorf. das sie das gefühl hat das meine tochter den hitler recht toll findet und das sie meint das meine tochter kein guter umgang wäre. mich hat es eicht auf den hintern gesetzt, so habe ich meine tochter nicht erzogen.

natürlich habe ich gleich ihen vater angerufen und habe ihm gesagt das er seine tochter für die nachsten 4 wochen nicht mehr sehn darf und dass er sein zimmer nazifrei aufräumen muß, da muß alles raus stahlhelm, flage, bücher, filme, bilder und der restliche krempel der mit der szene zu tun hat.

jetzt sind schon drei wochen vergangen und heute hat meine kleine gemeint sie wüsste nicht ob sie den hitler gut oder schlecht finden soll. eingentlich mag sie diesen mann. mein gott was hat der depp nur mit meinem kind

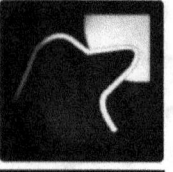
gemacht. natürlich habe ich sie ihres alters darüber aufgeklärt was dieser mensch für ein kranker kerl war und was er so gemacht hat mit den menschen.

was soll ich nur tun? ich bin kurz davor beim jugnedamt anzurufen und ihn anzuzeigen. denke aber nicht das dass richtig wäre, sie braucht ja auch ihren vater. wer kann mir einen guten rat geben? habe aufjeden fall vor mit ihr nach dachau zu fahren und ihr das mal zu zeigen.

vielen dank für euer antworten"   *[sic!]*

Maulwurf antwortet:

Hallo,

viel schreiben können Sie ja nicht wenig. Aber haben sie schon einmal darüber nachgedacht, dass zu einer guten Erziehung auch eine vernünftige Rechtschreibung sowie Groß- und Kleinschreibung gehören? Wenn es bei Ihnen nicht einmal dies klappt, ist es umso besser, wenn sich der Vater verantwortungsbewusst in die Erziehung einmischt.

Schwer zu verstehen, was Sie mit „mpd schilder" meinen, ich gehe einmal davon aus, dass Sie Analphabetin NPD-Plakate meinen.

Was ist daran so schlimm? Tausende von Gutmenschen hängen ihren fünfjährigen Kindern irgendwelche Schilder um den Hals und schleifen sie mit zu Demos. Sieht in der Presse gut aus, die Kinder wissen aber nicht, worum es geht. Aber die Antideutschen dürfen ruhigen Gewissens ihre Kinder für so etwas missbrauchen, während es hierfür Todesstrafe für Nazis geben sollte.

Meiner Rechnung nach müsste ihre Tochter jetzt neun Jahre alt sein. Ein Kind in diesem Alter weiß gar nicht, was Politik ist. Wie

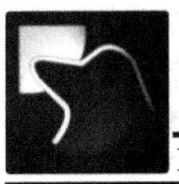

kann sie da „rechts ange-
haucht" sein? Ein gesundes
Kind in diesem Alter ist neugierig, macht sich Gedanken
und stellt auch mal unan-
genehme Fragen.

Natürlich ist es ihre Pflicht als
Gutmensch und Mutter dies
alles zu unterbinden.

Wo kommen wir hin, wenn
jeder lernt Fragen zu stellen?
Wir haben das hinzunehmen,
was die da oben und vorge-
ben, daher sehe ich eine Gefahr in dem Vater.

Auch Bücher, Filme und
anderes historische Material
sollte tatsächlich verschwinden, wenn es dem Zweck
dient über die Wahrheit aufzuklären. Könnte sonst Ärger
in der Schule geben, insbesondere im Geschichtsun-
terricht, wenn Ihre Tochter
plötzlich mit Fragen oder
Wahrheit ankommt.

Besser ist es tatsächlich, Sie
fahren mit Ihrer Tochter nach
Dachau, damit sie lernt, dass
es noch etwas anderes als
die Wahrheit gibt.

Hängen sie ihr hinterher ein
Schild um den Hals mit der
Aufschrift „Ich war dabei, ich
habe es gesehen!" . Kaufen
Sie Ihr dort einen Kugel-
schreiber und versichern Sie
ihrer Tochter, er hätte Anne
Frank gehört.

Und was Döner angeht: su-
chen Sie bitte ein Ernäh-
rungsberater auf, der wird Sie
über dieses Gammelfleisch
ausreichend informieren.

Abgesehen davon. haben Sie
sich schon einmal Gedanken
darüber gemacht, wie viele
unschuldige Döner hierfür
sterben müssen? Haben Sie
sich nie über Döner-Morde
informiert?

Wahrscheinlich genau so
viel, wie über alles andere...

Ansonsten ist mir Ihre Frage
einfach ZU blöd, um sie zu
beantworten. Sie passt zu Ihnen.

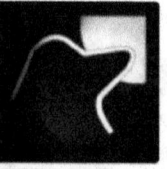
Jungen aus meiner Klasse machen sich Hakenkreuzbinden was soll ich tun?

Frage von Billetto9912:

„Schon seit 2 Wochen basteln sich meine Mitschüler Hakenkreuzarmbinden und benutzen "Jude als Schimpfwort. Als mich einer von ihnen um ein Blatt fragte, sagte ich: Ich gebe Nazis keine Blätter! Doch es ist schwierig etwas zu tun, denn wenn ich etwas machen sollte würde sofort der Verdacht auf mich fallen und das würde bedeuten, dass ich als Petze dar stehe, da die Schüler die sich so verhalten, beliebt in der Klasse sind. Die Täter sagen dann: WAR DOCH NUR SPAß!

Ich vermute, dass sich ein Großteil der Klasse auf deren Seite stellt. Was wiederum bedeutet dass die Personen die genauso wie ich denken, zu den Anderen überlaufen damit sie ihren Rang im Rangsystem(Was Heutzutage in Schulklassen oft vorzufinden ist) behalten.

Man kann die ganze Angelegenheit auch nicht mehr als harmlosen Spaß bezeichnen denn wer solche Witze erzählt wie diesen   : Wie viele Juden passen in ein Auto? Vier auf die Sitze und 100 in den Aschenbecher (Bescheuerter   geht   es nicht!!!!!!!!!)

Ist dumm denn sie machen sich über Massenmorde an Juden lustig.

Brauche dringend Hilfe!!!"

Antwort vom Maulwurf:

Ja, Du brauchst Hilfe. Am Besten psychologische.

Deine Klassenkameraden bezeichnen jemanden freundschaftlich als Juden und Du fasst es gleich als Beleidigung auf. Du scheinst ein Rassist zu sein.

Die Aussage „Ich gebe Nazis

keine Blätter" zeugt von einer beispielhaften Intoleranz.

Sei froh, dass Du nicht in einer Klasse in Berlin Neukölln bist, da sind die Witze nicht mehr so lustig und es würde Dir viel schlechter gehen.

Was die Armbinden angeht, solltest Du Dich besser informieren.

Der Bundestag plant eine Kennzeichnung von Neonazis.

So soll verhindert werden, dass sie z.B. in Kneipen oder Fußballstadien hinein gelassen werden. Auch soll die Suche nach Arbeitsplätzen, Kindergartenplätzen für ihre Kinder sowie Möglichkeiten für die Mitwirkung in gemeinnützigen Vereinen und Organisationen erschwert werden. Auch trägt die Binde dazu bei, dass sie nur noch Wohnungen in ihnen zugewiesenen Stadtteilen bekommen, so muss der VS nicht

Kreuz und Quer durch die Städte fahren.

Durch diese Armbinde sind sie auch nicht mehr berechtigt Bargeld zu erhalten, dafür werden gesondert Essensmarken ausgegeben. Diese Regelung soll laut Gerüchten ab dem 1.5.2012 in Kraft treten. Kein Neonazi darf dann mehr ohne aus dem Haus. Und ich finde, aus Solidarität gegen diese Ausgrenzung sollte jeder eine solche Armbinde tragen.

Nachtrag: der Witz ist alt, aber gut ;)

Aber kennst Du den schon?

Ein paar Türken sitzen im Bus und feiern, dass es jetzt schon 4 Millionen Türken in Deutschland gäbe.

Da dreht sich eine alte Frau um und sagt: "Es gab auch mal 6 Millionen ...

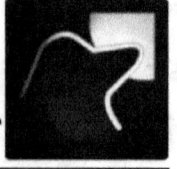
Gibt es einen Ex-Neonazi, mit dem ich über seine Erfahrungen sprechen kann?

Frage von Marie Fleisch-hauer:

„Hallo zusammen,mein Name ist Marie Fleischhauer und ich bin Journalistik-Studentin der Universität Hamburg. Im Rahmen des Studiums mache ich einen Blog, in dem ich Personen vorstelle, die aus verschiedensten Gesellschaftsberei-chen ausgestiegen sind (Auswanderer, Sektenaussteiger, Konsumverweigerer, Ex-Prostituierten etc.).I ch würde nun gerne (nicht nur anlässlich der aktuellen Medienberichterstattung) mit einer Person reden, die aus der Gewalt bzw. der rechtsextremen Szene ausgestiegen ist.

Ich werde der Person hundertprozentige Anonymität zusichern, wenn sie denn darauf besteht. Mit dem Bericht möchte ich meine Leser über die Gefahren des Rechtsextremismus aufklären und dies mit einer anschaulichen Lebensgeschichte – die positiv mit einem Ausstieg endet – verbinden. Ich würde mich sehr freuen, wenn sich jemand auf meinen Aufruf meldet. Schreibt mir doch bitte eine Mail an:

aussteigerblog@gmx.de

Es wäre toll, wenn ich über diese sehr wichtige Thematik mit einem Aussteiger aus der rechtsextremen Szene sprechen könnte.

Viele Grüße,
Marie"

Antwort vom Malwurfen:
Hallo Marie,
dies wird ein wenig problematisch, da es aus der „Neonazi-Szene" nicht wirklich Aussteiger gibt.
Die Leute, die in Aussteiger-Programmen gelandet sind waren meist nur labile Personen, die sich irgendwann den

Drogen zugewandt haben und jetzt Schwul sind. Oder es waren Spitzel des Verfassungsschutzes, denen der Boden unter den Füßen zu heiß wurde. Auf diese Leute wird inzwischen schon die GSG9 angesetzt. Oder sie haben sich offiziell erschossen.

Wahre nationale Sozialisten steigen nicht aus, denn sie haben ihre Gedanken immer im Herzen, auch wenn sie nicht mehr aktiv sind. Die einzige Gefahr, die diese Leute kennengelernt haben, ist die Gefahr von antideutschen Steinewerfern.

Kann Dich ja mal zu einer Demo mitnehmen, dann kannst Du einmal erleben, wie es sich im Steinhagel der Antideutschen anfühlt.

Wenn jemand von uns aussteigt, dann aus einem Auto oder aus öffentlichen Verkehrsmitteln.

Mit einer Szene zum Aussteigen können wir leider nicht dienen, dies gibt es nur bei der Antifa, VS-Leuten und anderen Migranten. Natürlich gibt es auch mal Mitläufer, die zwischen "Rechts und Links" schwimmen, diese werden dann offiziell bedroht, um in der "Linken"-Szene als Aussteiger nicht irgendwelchen Gefahrenausgesetzt sein zu müssen.

Aber mal ernsthaft... was glaubst Du, wie blöd wir sind …

Und vor allem: wie blöd muss man sein, um Aussteiger auf Netz-gegen-Nazis zu suchen :)

Jedoch hoffe ich, dass Du auf Deine Frage möglichst viele Nachrichten bekommst. Mit dieser Art des investigativen Journalismus ist Dir ein Arbeitsplatz nach Beendigung des Studiums in den Systemmedien sicher.

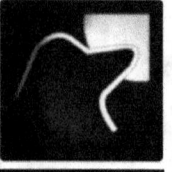
"Naziplakate in der Nachbaeschaft"

Frage von Matthias Bohnen: Maulwurf   antwortet:

„Hallo, freundlicherweise haben die Braunen unsere Gegend mit Aufrufen zu Gedenk-ärschen plakatiert (http://www.gedenkmarsch.de /dresden/). In Abstimmung mit der nachbarschaft haben wir die Abgerissen und der zweckgemäßen Bestimmung im Mülleimer überführt. Kurz daraf wurden die Hauswände unsere ausländischen Mitbürger mit Kot beschmiert, ist sicherlich kein Zufall. Die angerufene Polizei meinte nur, dass es sich hier nicht um eine Beschädugung handle und man nicht einsähe vorbeizukommen und eine Anzeige aufzunehmen. War eine nette Erfahrung für die entsprechende Nachbarin …
Wie sollte man reagieren?
Danke & Gruß
MB"   *[sic!]*

Hallo.
Die Handlung der Polizei war mit Sicherheit falsch. Wenn dort ordnungsmäßig Plakate beschädigt und im Müll entsorgt werden, ist dies tatsächlich eine Sachbeschädigung, es kann sogar ein Diebstahl sein. Eine Selbstan-zeige bringt hier selten etwas, eine Selbstgeißelung schon eher. Sollten alle Stricke reißen, würde ich eine Protestaktion starten und von einer Eisenbahnbrücke vor einen Zug springen.
Jedoch verstehe ich nicht, warum Sie sich aufregen, nur weil ihre ausländischen Mitbürger sich wie zu Hause fühlen möchten. Etwas mehr Toleranz sollte angebracht sein. Wenn die eigenen Wände mit Kot beschmieren wollen, lassen sie diese Leute doch…

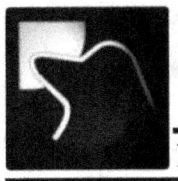
Rechtsradikale Parolen sprachlich aushebeln

„gegen-Rechts" fragt:

„Hallo, ich hatte mich lange nicht mehr zu Wort gemeldet. Nun bedrücken mich einige Fragen.
Zum Thema:
Immer öfter fällt mir auf, dass durch rechtsorientierte Menschen bzw. Neonazis gängige Thesen und Vorurteile ständig aufs Neue in Umlauf gebracht werden. Nicht immer kann ich sofort und korrekt dagegenargumentieren. Weiß jemand Rat, bzw kann mir mit Fachwissen und diversen Quellen weiterhelfen, damit ich rhetorisch stärker gegen jene abstruse Behauptungen vorgehen kann? Folgende rechtsradikale Thesen fallen mir immer wieder auf. Davon distanziere ich mich aufs schärfste!
Edit:
In Absprache mit der Moderation, wird aufgrund der Besseren Übersicht zunächst nur ein Nazi Argument zur Diskussion gestellt.
Weitere sollen dann folgen.
Parole 1:
– Es gäbe angeblich über-pro-portional viele Straftaten durch Migranten bzw Menschen mit Migrationshintergrund im Vergleich zu den deutschen
Vielen vielen Dank im Voraus für die Unterstützung!"

Maulwurf antwortet:
Hallo, gegen_rechts.
Es ist schön, dass Du dich lange nicht zu Wort gemeldet hast.
Was Dir aufgefallen ist sind weder Thesen oder Vorurteile, sondern Tatsachen. Gegen Fakten hilft kein Fachwissen und auch kein Argument.
Ausländer oder Ausländer mit BRD-Pass begehen nun einmal verhältnismäßig die

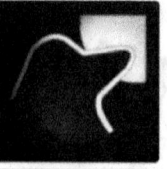
meisten Straftaten in der BRD, dafür brauchst Du keine Quellen, das kann man einfach so „googlen".
Selbstverständlich kannst Du Dich auch einmal nachts auf die Straße begeben, da hättest Du die beste Quelle. Dir würde dann klar werden, dass dies keine abstruse Behauptung ist, sondern Realität.
Ich schätze Dich so ein, dass Du das Wort Realität nur vom Hörensagen kennst und der ewige „Nerd" bist.
In diesem Falle wäre es das Beste aus der Matrix auszubrechen und Zion zu verteidigen, Neo wird Dir helfen.

Rassismus bei der Grenzpolizei

Frage von wolke99:
„Ich hab schon seit langem die Grenzpolizei in Flensburg am HB beobachtet, und ich meine es ist Zeit die mal zu untersuchen.
Taglich werden schwarze Passasiegere beim Ein und Aussteigen Richtung Danemark kontrolliert.
1. ist nach dem Schengenvertrag keine tagliche Grenzkontrolle erlaubt.
2. Konnte es nicht deutlicher sein, wie sie die Leute aussortieren.
Wer der Chef dieser Aktion ist,die deutsche oder danische Seite, ist mir nicht ganz klar, da sie ja beide Richtung kontrollieren. Da beide Lander riesen Nazi-Probleme haben, auch in hohen Etagen,kann es auch eine Einigung sein. Ich werde die Medien darauf aufmerksam machen daruber zu berichten. Welche Behorde kontrolliert Rassismus unter der Polzei? Wo kann ich die anmelden, EU Kommission, oder Europol?
Danke ;)" [sic!]

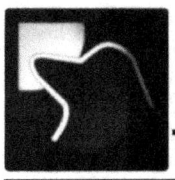
Antwort vom Maulwurf:

Es ist schön, wenn sich die Arbeitslosen den ganzen Tag Zeit nehmen, um unsere Grenzpolizei zu beobachten. Dass Passagiere nach Dänemark kontrolliert werden, liegt einfach nur daran, dass Flaschensammler wie Du dauernd das Pfandgeld der Dänen erschleichen wollen.

Zu Punkt 1 Deiner Frage: Blödsinn, wo hast Du die aufgeschnappt? Verboten ist dies nicht, nur nicht mehr notwendig, da wir jetzt alle Brüder und Schwestern sind.

Zu Punkt 2 Deiner Frage: Junge, es gibt hier viele illegale Einwanderer, die liebend gern nach Skandinavien wollen, da es hier in Deutschland Leute wie Dich gibt, die nicht nur Denunzianten sind, sondern auch Rassisten.

Ja genau, DU bist ein Rassist. Warum redest Du sonst von "Schwarzen"?

Warum machst Du einen Unterschied zwischen "Schwarzen" und „Weißen" die kontrolliert werden? Ich dachte, alle MenschInnen seien gleich?

Ich denke, dass Du weiß bist, aber trotzdem Kiffer… Ich mache da keinen Unterschied in der Hautfarbe.

Definitiv gibt es kein Nazi-Problem in den hohen Etagen, das Problem sind Leute wie Du, die Scheuklappen auf dem Linken Auge haben und die verkiffte Welt nicht mehr wahrnehmen können.

Kannst gerne taz oder BILD darüber informieren, die freuen sich über jeden Schwachsinn.

Melde das mal bei der zionistischen EU Kommission oder der imperialistischen Europol.

Da bist Du mit Sicherheit an der richtigen Stelle, denn auch Bundespolizei, BKA und Regierung in der BRD

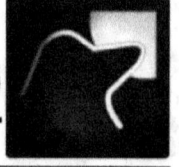
sind durch und durch rassistisch und wollen die Neger nur vor der dänischen Küste im Meer versenken. Denn wenn wir Dänemark besetzen, hätten wir die ganzen Neger schon wieder am Hals.

Und Du willst doch nicht wirklich Koks aus Dänemark? Konzentriere Dich lieber auf das Sammeln von Flaschen, ansonsten nehmen Dir die Polen Deinen Arbeitsplatz am Bahnhof weg.

Wie komme ich aus 2 bestimmten Organisationen raus

Frage von LostBoy:

„Hi ich will aus 2 Organisationen austreten die sind noch relativ neu da ich mit der Szene nichts mehr zu tun haben will. Und ich hab schiss das die mich oder meine Familie anmachen, da musste man zwar nur den namen und den Wohnort angeben aber wenn man in nem Dorf wohnt wo jeder jeden kennt hab ich en problem die finden mich ja. Also ich will nur wissen ob es reicht wenn ich zu keinem Treffen gehen soll??" [sic!]

Maulwurf antwortet:

In der Regel reicht es, wenn man eine Austrittserklärung schreibt.

Sollte es sich jedoch um Organisationen wie Netz-gegen-Nazis oder anderen Antifa-Gruppierungen handeln, sehe ich ein dickes Problem.

Wer sich nicht zu Gruppen gegen Nazis bekennt oder dort aussteigt, ist automatisch ein Nazi.

Es ist in diesem Falle tatsächlich damit zu rechnen, dass das Auto des Vaters angezündet wird, ein Molli in die Wohnung fliegt oder die kleine Schwester verprügelt wird.

Es ist daher ratsam nach Israel auszuwandern.

Gibt es einen Ex-Neonazi, mit dem ich über seine Erfahrungen sprechen kann?

Frage von Ghostrider:
„Traurige Kindheit zwischen Reichskriegsflagge, Saufgelage und Drill, Der "ganz normale" Wahnsinn in rechtsextreme Kinderstuben.
In der Kita spielen und toben Kinder zusammen, aber nicht alle. Ein Kind sitzt müde und scheinbar eingeschüchtert auf seinen Platz. Auf die Fragen der Erzieherinnen wirkt das Kind völlig verstummt. Bis ihm ein Satz sozusagen rausrutscht: "Meine Eltern haben mir verboten mit Ausländer zu spielen, ich darf nur deutsche Freunde haben!" Da müßten eigentlich schon die Alarmglocken läuten.
Frage: Ab wann beginnt die Kindeswohlgefährdung?
Oder ist die Grenze bereits überschritten?
Wer hat diesbezüglich schon solche und ähnliche Erfahrungen gesammelt?" [sic!]

Antwort vom Maulwurfen:
Liebes Ghostrider,
Saufgelage im Kindergarten ist wirklich schlimm.
Du muss ja schon sehr paranoid und systemgeschädigt, wenn Du denkst, bei Nazis gäbe es nur Reichskriegsflagge, Saufgelage und Drill.
Nach Deiner Äußerung muss es ja auch das einzige deutsche Kind sein, sonst wäre es auch nicht allein.
Schon einmal darüber nachgedacht, einen Psychologen aufzusuchen, wie es bei Euch systemverklemmten üblich ist?
Das dieses Kind wahrscheinlich eher in der Freiheit des Denkens aufwächst, scheint Dir nicht in den Sinn zu kommen. Das Kind scheint eingeschüchtert,anscheinend durch die andauernden Drohungen der anderen Kinder: „Gib Spielzeug sonst Messer!".

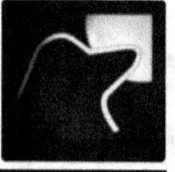

Ja, dies ist auch schon in Kindergärten, die meist von verkoksten Alt-68ern geleitet werden, vorgekommen.

Lass das Kind zehn Jahre älter sein. Dann gibt es nicht mehr viele Möglichkeiten.

Als Ausländerfreund würde es in die Kriminalität abrutschen, irgendeiner „Gang" angehören, oder es wird zum Opfer, jeden Tag „abgezogen" durch kriminelle Banden, wenn die ausländischen Eltern den Umgang ihre Kinder zu Deutschen verbieten.

Kindeswohlgefährdung wäre es, wenn die Eltern dies nicht verhindern würden, sie haben sogar das Recht und die Pflicht dazu, ansonsten würde es schon bald unter dem Halbmond aufwachsen.

Nein, das Kind darf keine emotionale Bindung zu Ausländern aufbauen. Wie würde es verzweifeln, wenn plötzlich alle Spielkameraden die Heimreise antreten müssen? Um Deine weiteren Fragen aufzugreifen: ja, die Grenze ist überschritten. Die Grenze Deiner Dummheit, leider nicht die Grenze derer, die heimkehren sollten.

Und mit Sicherheit haben einige Kinder schon Erfahrungen mit Ausländergewalt gemacht.

Ich könnte Dir genug Beispiele nennen.

Wichtige Tipps gesucht!

Mimil fragt:
"Hey
Meine Klasse und ich möchten an unserer Schule ein zeichen gegen Nazis setzen! Dafür würden wir gerne einen Vortrag von einer diesbezüglichen Organisation mit einbinden!Wer also eine gute kennt einfach sagen! :)
Für weitere Ideen zu diesem Thema sind wir gerne offen!!

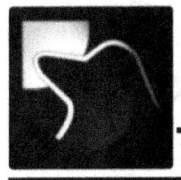

Jetz schonma Danke Mimil ;D" [sic!]

Maulwurf antwortet:
Wenn Du ein Zeichen gegen Nazis an deiner Schule setzen möchtest, ist es zunächst wichtig, dass Du darauf aufmerksam machst, dass es Nazis an Deiner Schule gibt. Daher sollte aus jedem Fenster eine Hakenkreuzfahne wehen, das macht die Öffentlichkeit aufmerksam. Zudem würde ich jeden Nazi an der Schule mit einer Armbinde ausstatten, die sie rund um die Uhr tragen müssen. Sollten es zu wenige sein, sollten alle Nichtmigran-ten eine tragen. Am besten in der Warnfarbe Rot, mit einem weißen Kreis und zur besseren Unterscheidung mit einem Hakenkreuz in der Mitte.
Eine Vortragsveranstaltung ist eine gute Sache. Gerne übernehme ich die Moderation für Dich.

Wie kann man helfen davon los zu kommen?

Frage von gidgetto1978:
„Hallo bin neu hier.
Ich wollte mal fragen ob ihr irgendwelche Erfahrungen oder Vorschläge habt wie man einer Person oder gar sich selbst helfen kann von rassistischen und diskriminierenden Ansichten wieder loszukommen.Denn es gibt immer Situationen in die man sich verennen kann und immer Zeiten in den das Hirn aussetzt (Alkohol, Drogen, Gruppenzwang). Wie kann man sich helfen, wenn man mit seinem eigenen Mist fertig werden will und wieder in den Spiegel schauen können möchte? Wenn man sein Kopf wieder eingeschaltet hat." [sic!]

Maulwurf antwortet:

Rassismus und Diskriminierung sind ein sehr großes Problem in der Linken Szene. Zum größten Teil seid Ihr antideutsch, das Deutsche Volk solle Eurer Meinung nach verrecken.Zudem macht sich bei Euch immer mehr ein Antisemitismus breit, um gegen den Imperialismus der Zionisten zu kämpfen. Ihr seid wirklich sehr rassistisch im Gegensatz zu den Nazis, die für die Vielfalt der Völker sind. Gerade durch diesen Unmut scheint ihr Nazis zu diskriminieren, wo ihr nur könnt. Ihr verteilt böse Briefe, schreibt böse Berichte und erstellt öffentliche Listen. Dies ist nicht nett.

Sicherlich ist der Gruppenzwang daran schuld, denn es ist schon in der Schule so: wer schon dort nicht mitzieht, ist ein Nazi. Ihr vergesst dabei jedoch, dass die überwiegende Mehrheit eurer Mitläufer dies nicht will, so suchen diese Trost und Ablenkung im Alkohol. Da der Suff bei den meisten Angehörigen der Antifa irgendwann nicht mehr ausreicht, versucht Ihr es mit Drogen. Die roten Parteien wie die Grünen, SED und Piraten wollen daher auch die Drogen legalisieren, dadurch werdet Ihr Euch dann noch mehr im Drogensumpf verrennen.

Wie kann man sich helfen? Ein Anfang bietet sich durch den Abschluss an der Hauptschule, dann wärst Du den Genossen der Antifa schon überlegen. Der Kopf würde sich eventuell auf das Denken konzentrieren. Nach und nach wird dann auch wieder der Kopf frei von Drogen und Alkohol.

Dann solltest Du auch wieder Deine verkifften Augen auf bekommen und kannst in den Spiegel sehen.

Ich werde jetzt schon seit Monaten von Faschisten Bedroht

Frage von Gennis:

„Ich habe einfach kein bock mehr, ich bin mit meinen nerven am ende! ich war schon mehrfach bei denn Bullen! und die können nichts tun da ich keine beweise habe.. Seit Monaten bekomme ich anrufe, und nachrichten, überwiegend Nachts !! dabei habe ich nur mal geschrieben Scheiß Faschos!! ich bin seit ein parr Monaten aktiver Antifaschist! Was soll ich bloß tun? Ich weiß das es mehrerer sind !! kann mir bitte jemand helfen und tipps geben?" *[sic!]*

Maulwurf antwortet:

Hallo Gennis,
ja es ist ein Problem, mit den BRD-Faschisten. Da Du jedoch neu bei der Antifa bist, kennst Du die Schulungsmethoden noch nicht. Anhand von praktischen Beispielen wird Dir beigebracht, wie Du künftig vorzugehen hast. Es fängt an mit harmlosen Anrufen. Später kleben ständig Aufkleber an Deiner Tür. Dann werden Flugblätter über Dich verteilt, Dein Auto bzw. in deinem Alter das Dreirad angezündet. Dies soll Dir zeigen, wie Du zu arbeiten hast. Da Du noch sehr unerfahren bist, solltest Du am Einsteigerprogramm „Ritzen gegen Rechts" teilnehmen. Gerne gebe ich Dir Kontaktadressen. Später kannst Du vielleicht an den Kursen für Fortgeschrittene teilnehmen. Hier würde ich „Selbstmord gegen Rechts" empfehlen. Du scheinst hierfür sehr prädestiniert zu sein.
Hast Du dies alles erfolgreich absolviert, wirst Du Deinen ewigen Frieden finden und Du hast etwas Gutes für die Gesellschaft getan.

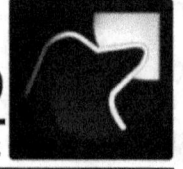
...an allem sind die "Rechten" schuld!

Man kann sich alles hinbiegen, wie man will. Und die Systempresse ist ein Meister daran. Egal, was passiert: Die „Rechten" sind immer schuld. Es wird sich wahrscheinlich auch noch beim Absturz der Germanwings-Maschine so darstellen.

So tauchte jetzt im weltweitem Netz ein Brief des Verteidigungsausschusses des Bundes-tages an den Obersten des Bundesnachrichtendienstes (BND) auf. Angeblich. Denn ob dieses Schreiben echt ist, ist stark anzuzweifeln. Dr. Hans-Peter Bartels, MdB Vorsitzender des Verteidigungsausschusses bestreitet auch die Echtheit. Doch was, wenn es tatsächlich so wäre? Da wäre ein Pilot, zum Islam konvertiert, zum radikalen Islamisten mutiert. Und wer trägt die Schuld? Nicht die

Gesellschaft, wie man früher sagte. Heute sind die „Rechten" die Gesellschaft. Die „Rechten" sind schuld. Sie nennen sich sogar „Volk" und stehen auch noch dazu.

In Braunschweig ist Norddeutschlands größter Faschingsumzug ausgefallen, in Köln traute man sich nicht mit dem „Wir sind Charlie"-Wagen auf die Straße, die USA gibt Reisewarnungen für alle PEGIDA-Städte heraus, PEGIDAs werden aufgrund von Terrorwarnungen verboten... Hier sind aber nicht etwa die Terrordrohungen der Islamisten schuld, sondern die „Rechten". Ganz besonders PEGIDA. Die sind ja sowieso am schlimmsten. Wie kann man nur für die Sorgen und Ängste – besser gesagt dagegen - des Volkes auf die Straße gehen? Was erlaubt sich das Volk? Aber

Volk?   Nein, das sind alles nur „Rechte". Das sieht man doch schon an den BRD-Fahnen. Und an der Fotomontage, auf der Lutz Bachmann ein Hitlerbärtchen „angeklebt" wurde. Aber dies alles reicht schon für das sterben der Dresdener Innenstadt zu sorgen. Die Läden haben hohe Umsatzeinbußen. Es traut sich niemand mehr zum Einkaufen und kein Asylant mehr vor die Tür. Denn sobald sie sich auf der Straße sehen lassen, werden sie von „Rechten" abgestochen. Egal, ob sich hinterher herausstellt, dass es ein Mitbewohner war. Das kann man denn ja getrost verschweigen.

Manchmal ist es eben doch anders, als man denkt. Aber wenn man für die Systempresse berichtet, muss man kreativ und manchmal auch verschwiegen sein. Oder so

klein schreiben, dass es niemand mehr lesen kann. Das zeigt auch der Brand eines Wohnhauses in Tröglitz. Ein deutsches Ehepaar konnte sich gerade noch vor den Flammen retten. Wäre keine Schlagzeile wert, wenn dieses Haus nicht im Mai zu einer Asylantenunterkunft umgeweiht werden würde. Somit ist es eindeutig eine Brandstiftung von „Rechten". Das ist sowieso eine Sache für sich. Wer bricht im Erdgeschoss eine Haustür auf, geht auf den Dachboden, legt dort das Feuer und spaziert fröhlich wieder aus dem Haus heraus? Insbesondere, wo jedes zündelnde Kind weiß, dass ein Feuer den größten Schaden anrichtet, wenn man etwas unten anzündet? Dass das Landeskriminalamt in Sachsen jetzt inzwischen die Täter in der „linken" Ecke sucht wird jedoch in der Presse verschwiegen. Ebenso wenig, dass der Exbürgermeister von Tröglitz schon lange von der Antifa Drohbriefe bekommt erfährt man. Aber nicht die sind an seinem Rücktritt schuld, denn die „Rechten". Die Bürger von Tröglitz haben es tatsächlich gewagt, vor seinem Haus zu demonstrieren. Da bekam er plötzlich Angst um seine Familie, denn der „NPD-Aufmarsch" [sic!] vor seinem Haus stellt eine extreme Bedrohung dar.

Ja, Bedrohung. Jetzt schon das Wort des Jahres 2015. Die Liste ist lang. Petra Pau, Bodo Ramelo, der für Tröglitz zuständige Landrat Götz Ulrich,... Alle erhalten Morddrohung von den Rechten, es wird sogar von Enthauptungen berichtet. Und all diese Drohungen stammen von den „Rechten". Wenn ich mich recht entsinne, gibt es Drohungen gegen Politiker schon seit es Politik gibt.

Schon bevor es „Rechte" gab. Es wird sich sicher herausstellen, dass die „Rechten" mit Reichsflugschei-ben in die Vergangenheit gereist sind, um Morddrohungen zu erfinden. Was jedoch auch hier wieder auffällt ist, dass Drohungen von „Linken", die Meister in Sachen Drohungen, medial verschwiegen werden. So erhielt aktuell eine Schule in Bargteheide, Schleswig-Holstein, Drohungen von der Antifa. Grund hierfür ist eine Diskussionsveranstaltung zum Thema Asylanten. Die Schüler hatten es doch tatsächlich gewagt, einen AfD-Politiker hierzu einzuladen. Wegen der Drohungen und die dadurch entstandene Gefahr wurde die lange vorbereitete Veranstaltung dann abgesagt. Schuld haben die „Rechten", warum diskutieren sie auch? Ach ja, ich vergaß zu erwähnen, dass der be-

treffende AfD-Politiker ein Neger aus Afrika ist.

Ups, jetzt habe ich es doch getan. Ich habe versehentlich „Neger" geschrieben. Das wollte ich unbedingt verhindern. Nicht, dass es mir so ergeht, wie dem Mainzer Enkel von Ernst Neger. Dieser hat die Dachdeckerfirma seines Opas übernommen und auch das Firmenlogo beibehalten. Es passt zum Namen, es enthält jedoch eine dunkle Person mit Tellerlippe und Tunnel im Ohr und sieht aus, als würde sie ihre Vorfahren nicht in Europa haben. Der Enkel weigert sich jedoch. Dies zieht viele böse Worte nach sich. Jedoch ist er selbst schuld. Er weigert sich, das Logo zu ändern. Viel schlimmer, er erwähnt in diesem Zusammenhang sogar das Wort „Tradition", das ist schlimmer als der Ausdruck „Autobahn". Eindeutig muss der Neger, der Enkel, ein

„Rechter" sein. Dagegen muss man auf die Straße, ja sogar auf die Barrikaden gehen!

Das taten 4000 Autonome dann auch wörtlich in Frankfurt. Aber nicht gegen Neger, sondern die bösen „Rechten" aus der Kapitalindustrie. Die hatten es tatsächlich gewagt, dort ein Hochhaus für die Europäische Zentralbank einzuwei-hen. Gut, ist ein Grund auf die Straße zu gehen, die Frage ist jedoch das wie. Dort wurden 150 Polizeibeamte verletzt, sieben Polizeiwagen brannten aus, 55 wurden beschädigt, natürlich gab es auch „zivile" Schäden, diese finden in der Systempresse jedoch kaum Erwähnung. Außer einer: Ein Asylan-tenheim wurde angegriffen. Aber: es waren nicht die friedlichen, schwarz vermummten Demonstranten von „Blockupy", es waren

„Rechte". Muss so sein, denn es stellt sich doch tatsächlich heraus, das auch heimattreue deutsche Jugendliche, Entschuldigung, „Rechte" an diesem Tag in Frankfurt waren. Es können nur diese gewesen sein. Dass sich das Asylantenheim später als ein benachbartes Hotel entpuppte, ist dabei Nebensache. Es ist eindeutig bewiesen, dass die „Rechten schuld an den Krawallen in Frankfurt sind.

Die Sachschäden liegen in Millionenhöhe, wie hoch die Kosten für den Polizeieinsatz waren, ist zurzeit nicht bekannt. PEGIDA hat seit Oktober 2014 jedoch sage und schreibe 2,9 Millionen Euro nur für die Polizeieinsätze gekostet. Wegen ihrer Anwesenheit musste PEGIDA von der Polizei vor den friedlichen Gegendemonstranten geschützt werden. Allein am Ostermontag waren 343 Polizeikräfte im Einsatz, um

PEGIDA vor nicht anwesenden Gegendemonstranten zu schützen.

Dagegen sind die 4,6 Millionen Euro doch gerade zu lächerlich, die in Lübeck während des G7-Gipfels am 14. und 15. April benötigt wer-den, um die Stadt vor den friedlichen, autonomen Demonstranten zu sichern. Anmelder einer Demonstration ist übrigens ein Sprecher der „Blockupy"-Proteste in Frankfurt. Daher ist nicht davon auszugehen, dass es in Lübeck zu Randale gegen die „Rechten" der Weltpolitik kommt.

Ja, wenn man so sieht, woran die „Rechten" alles schuld sind, welchen Einfluss sie haben, wie sie unser tägliches Leben bestimmen, da kann man sich nur in den Tod stürzen.

Hierzu muss man allerdings nicht extra ein Flugzeug beschädigen.

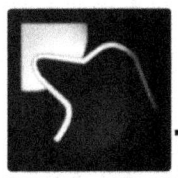
Manno, ich hätte noch so viel zu sagen, aber jetzt ist der Platz zuende :(

Muss ich eben noch ein zweites Buch machen... Aber nicht heute. Solange die Russen nicht einmarschieren, habe ich noch genug Zeit. Ihr dürft mich gern anschreiben, was euch am Besten gefallen hat und was nicht... Aber so eine kleine "Frag Maulwurfen"-Sonderausgabe könnte man schon schreiben, denn es gibt noch viele unbeantwortete Fragen ;)

Apropos schreiben... Vergesst bitte unsere Kameraden in Gesinnungshaft nicht. Sie Freuen sich über jeden Brief und jede Unterstützung. Einige Exemplare dieses Buches werde ich mir bekannte Kameraden zukommen lassen. Am liebsten würde ich allen eins schicken, kann ich aber nicht. Vielleicht unterstützt ihr mich dabei?

Mehr von mir findet Ihr auf der Netzseite, die unter

http://maulwurfen.land

Einfach und für jeden zu erreichen ist, da könnt Ihr auch Kontakt zu mir aufnehmen. Dort findet Ihr auch meine tägliche Kolumne beim PA und immer wieder etwas Neues. Und vielleicht könnt Ihr mich ja überreden ein "Frag Maulwurfen Buch" zu schreiben, denn die Dummheit mancher Leute stirbt nie aus... Kann ja auch passieren, dass ein paar Politiker Fragen an den Maulwurfen haben... Man weiß es nicht... Sonst findet man mich auch n auf Preussischer Anzeiger, Demokratur.eu und manchmal, wenn ich es will, auf Journalistenwatch. Irgendwo sehen wir uns bestimmt...

...Bis bald und
gute Nacht BRD,

Euer Maulwurfen :)

§86a + §130 abschaffen!